Kartoffel & Knolle

Unser Verlagsprogramm finden Sie unter
www.christian-verlag.de

Produktmanagement: Sabine Ammer
Textredaktion: Anja Ashauer-Schupp
Korrektur: Petra Tröger
Layout und Satz: Ute Schneider, u.s.design
Umschlaggestaltung: Caroline Daphne Georgiadis, Daphne Design

Text und Rezepte: Margit Proebst
Fotografie: Michael Meisen, Food & Stillife Photography & Concepts
Foodstyling: Tino Kalnig
Herstellung: Bettina Schippel
Repro: Repro Ludwig, Zell am See

Druck und Bindung: Printer Trento
Printed in Italy

Die Deutsche Nationalbibliothek verzeichnet diese Publikation in der Deutschen Nationalbibliografie; detaillierte bibliografische Daten sind im Internet über http://dnb.d-nb.de abrufbar.

1. Auflage 2012

ISBN 978-3-86244-231-7

Alle Angaben in diesem Werk wurden von der Autorin sorgfältig recherchiert und auf den aktuellen Stand gebracht sowie vom Verlag geprüft. Für die Richtigkeit der Angaben kann jedoch keinerlei Haftung übernommen werden. Für Hinweise und Anregungen sind wir jederzeit dankbar. Bitte richten Sie diese an:

Christian Verlag
Postfach 400209
80702 München
E-Mail: lektorat@verlagshaus.de

Kartoffel & Knolle

100 köstliche Hauptspeisen und Beilagen

CHRISTIAN

Inhalt

Vorwort

Die ersten zarten Frühkartoffeln des Jahres, schonend gedämpft und samt Schale mit ein wenig Salz und Butter verzehrt – *welch ein Genuss!* Während der Sommermonate wachsen dann immer neue Sorten, aus denen Sie herrliche Vorspeisen, Hauptgerichte und sogar Süßspeisen zubereiten können. Bei den Rezepten auf den kommenden Seiten finden Sie Bekanntes und Beliebtes ebenso wie Neues und Ausgefallenes.

Rote Bete, Sellerie, Topinambur, Pastinaken und andere Knollen, die eine Weile fast in Vergessenheit geraten sind, versprechen weitere *Gaumenfreuden*. In letzter Zeit haben sie glücklicherweise Terrain zurückerobert und nehmen inzwischen sogar einen *festen Platz in den Gourmetküchen* ein. Ein Hoch auf die Knolle!

Aus guter Erde

Neben rund 5000 Kartoffelsorten weltweit lockt ein **bunter Reigen** an weiteren **Knollen** mit höchst unterschiedlichen Farben, Formen und Aromen. Machen Sie sich bereit für eine **kulinarische Entdeckungsreise**.

Ursprünglich stammt die Kartoffel aus den Andenregionen Südamerikas, wo sie bereits vor über 10.000 Jahren kultiviert wurde. Nach Europa kam sie – wie auch Paprika, Mais, Tomaten, Kakao und Tabak – durch die Spanier, die einige Pflanzen von ihren Eroberungszügen mitbrachten. Als im 16. Jahrhundert die ersten Kartoffelpflanzen in Europas Schloss- und Klostergärten gesetzt wurden, hielt man sie zunächst für Zierpflanzen. Aus den hübschen Blüten entwickelten sich nämlich Beeren, die ungenießbar, ja sogar giftig waren. Erst während der Hungerjahre Mitte des 18. Jahrhunderts entdeckte man, wie nahrhaft und wohlschmeckend die unterirdischen Wurzelverdickungen der Kartoffelpflanze waren. Der Preußenkönig Friedrich der Große (1712–1786), genannt der Alte Fritz, sorgte dafür, dass jedes verfügbare Fleckchen Ackerland mit Kartoffelpflanzen bestückt wurde. Mit der tollen Knolle ließ sich ein ganzes Volk ernähren. Der Name Kartoffel leitet sich von *tartufolo*, dem italienischen Wort für Trüffel ab, mit der man die erdbehafteten Knollen zu Anfang verglich. Botanisch gesehen ist die Kartoffel (*Solanum tuberosum*) allerdings ein Nachtschattengewächs. Da kommen die Bezeichnungen Erdapfel oder Grundbirne, wie man Kartoffeln in Österreich und der Schweiz nennt, der Sache schon ein wenig näher; der französische Name *pommes de terres* weist in die gleiche Richtung. Wie dem auch sei: Seit dem 18. Jahrhundert war der Siegeszug der Kartoffel in Europa nicht mehr aufzuhalten.

Köstlich und gesund

In den letzten Jahren war die Kartoffel – völlig zu Unrecht – als Dickmacher in die Kritik geraten. Bei gerade mal 70 kcal pro 100 Gramm machen Kartoffeln anhaltend satt und liefern neben Kohlenhydraten wertvolles pflanzliches Eiweiß, dazu die Vitamine B_1, B_2 und C, jede Menge Mineralstoffe wie Natrium, Kalium, Magnesium, Kalzium, Phosphor und Eisen sowie reichlich Spurenelemente – viele gute Gründe also, sich die vielseitige Knolle regelmäßig schmecken zu lassen. Auch die meisten anderen Knollen enthalten reichlich Vitamine und Mineralstoffe und punkten mit ihrem geringen Brennwert: Rettich und Schwarzwurzeln sind mit 25 bzw. 30 kcal echte Leichtgewichte, und auch Karotte (50 kcal), Kohlrabi (50 kcal), Topinambur (60 kcal), Steckrübe (70 kcal), Petersilienwurzel (80 kcal) und Rote Bete (80 kcal) versprechen einen Genuss ohne Reue. Lediglich Knollenziest (115 kcal), Pastinaken (115 kcal) und Süßkartoffeln (111 kcal) sind etwas gehaltvoller.

Beliebte Knollen

Karotten, Sellerie, Petersilienwurzeln, Kohlrabi und Rote Bete haben seit Großmutters Zeiten einen festen Platz in unserer Küche. Und auch Rettich und Radieschen sind seit jeher eine preiswerte Zutat auf dem sommerlichen Speiseplan. Pastinaken, schwarze Rettiche und Topinambur hingegen haben viele vielleicht erst in den letzten Jahren kennengelernt oder wiederentdeckt. Mit der Rückbesinnung auf alte Gemüsesorten sind auch Schwarzwurzeln und Knollenziest wieder in den Blick gerückt – Spezialitäten, die Sie, so Sie sie noch nicht kennen, unbedingt mal ausprobieren sollten! Was die Würzknollen anbetrifft, so ist der Meerrettich seit jeher eine feste Größe in der deutschen Küche. Ingwer, Galgant und Wasabi jedoch haben erst durch die asiatische Küche Eingang in unser Repertoire gefunden. Näheres dazu auf Seite 45.

Viele der im Buch verwendeten Knollen bekommen Sie in gut sortierten Supermärkten. Bei Topinambur, Pastinaken und Co. werden Sie eher auf Märkten und in Bioläden fündig. Wann immer es geht, sollten Sie sich das Vergnügen gönnen und auf dem Markt einkaufen. Es geht doch nichts über regional erzeugte, erntefrisch angebotene Produkte. Neben den Knollen, die gerade Saison haben und dadurch am schmackhaftesten sind, finden Sie dort garantiert auch ein breites Angebot an unterschiedlichen Kartoffelsorten. Zubereitungstipps und Rezepte gibt es von den Marktleuten oft gratis dazu.

Richtig gelagert

Ein gut belüfteter, dunkler Keller bei 8–12 Grad – das ist der ideale Lagerort für Kartoffeln. Wenn Sie nicht zu den glücklichen Besitzern eines solchen gehören, sollten Sie nur so große Mengen einkaufen, wie Sie in maximal vier Wochen verbrauchen. Kaufen Sie in jedem Fall möglichst ungewaschene Kartoffeln, an denen noch ein wenig Erde haftet, das schützt sie vor dem Keimen. In Plastiktüten «schwitzen» Kartoffeln und werden eventuell faulig. Packen Sie sie also besser in Papiertüten und lagern Sie sie am kühlsten Ort der Küche. Im Kühlschrank allerdings ist es den Knollen entschieden zu kalt: Da wandelt sich ihre Stärke in Zucker um und sie entwickeln einen süßlichen Geschmack. Wie und wie lange sich Rote Bete, Rettiche, Sellerie, Steckrübe, Topinambur, Pastinake und Co. am besten lagern lassen, lesen Sie bei den entsprechenden Abschnitten zu diesen Knollen.

Ehe Sie in den fünf Rezeptkapiteln dieses Buches sehen, was sich aus Kartoffel & Knolle so alles zaubern lässt, bekommen Sie zunächst einen kurzen Überblick über die verschiedenen Kartoffelsorten. Tipps zu deren Kocheigenschaften und die Zubereitungsarten finden Sie in den Einleitungen zu den Rezeptkapiteln. Auf Seite 12 und 13 stelle ich Ihnen meine fünf Lieblingsknollen Knollenziest, Pastinake, Sellerie, Rote Bete und Topinambur vor. Aber auch andere beliebte Knollen kommen nicht zu kurz: Zu weißen Rettichen und Radieschen, Kohlrabi, Kerbelknollen (siehe Seite 16), Schwarzwurzeln (siehe Seite 17), Steckrüben (siehe Seite 44) und schwarzen Rettichen (siehe Seite 75) finden Sie auf den angegebenen Seiten kurze Informationen. Nun auf ins Vergnügen und viel Spaß beim Schmökern und Nachkochen!

Bunte Kartoffelvielfalt

Festkochende, vorwiegend festkochende und mehlig kochende – übers Jahr wachsen bei uns Kartoffeln verschiedenster Sorten und Größen.

Im *Frühling* freuen wir uns auf die ersten *neuen Kartoffeln*. Sie sind pur – nur mit etwas Butter und Salz – *ein Genuss*.

Vitelotte und *Blauer Schwede* bereichern erst in jüngster Zeit unsere Märkte und Küchen.

Die *Süßkartoffel* oder *Batate* besticht durch ihr mildsüßes Aroma und ihre Wandlungsfähigkeit.

Kaum ein Lebensmittel ist vielseitiger: Sie können Kartoffeln kochen, dämpfen, frittieren und im Ofen oder Grillfeuer backen. Sie können daraus Salate, Suppen, Pürees, Aufläufe und sogar Teig für Süßspeisen zubereiten. Doch nicht jede Kartoffel eignet sich für alle Zubereitungen gleich gut!

Welche Kartoffel wofür?

Es gibt sie rund und oval, groß und klein, kräftig gelbfleischig oder eher blass. Und vor allem haben sie höchst unterschiedliche Kocheigenschaften. Sie kennen sicher die Unterscheidung in festkochende, vorwiegend festkochende und mehlig kochende Kartoffeln. Dazu kommen noch die sogenannten neuen oder Frühkartoffeln – am besten bereitet man diese ganz unkompliziert als Pellkartoffeln zu und genießt sie, gerne mit der zarten Schale, beispielsweise zum Spargel. Galatina aus Italien oder Spunta aus Zypern werden bereits ab Ende April angeboten. Ab Juni kommen dann die ersten einheimischen Frühkartoffeln, zum Beispiel Annabelle aus der Pfalz, auf den Markt.

Für Suppen und Pürees brauchen Sie Kartoffeln, die trocken und körnig kochen und möglichst leicht zerfallen – da sind mehlig kochende Kartoffeln, zu ihnen zählen Likaria, Afra und Bintje, die richtige Wahl. Ich verwende sie auch gerne für Gratins, weil sie sich hervorragend mit der Sahne vollsaugen, und nehme dafür in Kauf, dass die Kartoffelscheiben ihre Bissfestigkeit verlieren. Wer darauf Wert legt, entscheidet sich besser für eine vorwiegend festkochende Sorte wie Rosara, Leyla, Solara oder Quarta. Die eignen sich außerdem bestens für Pell- und Bratkartoffeln und für vielerlei Schmorgerichte. Für Salate greifen Sie zu festkochenden Sorten – bekannte Vertreter sind Sieglinde, Nicola und Princess.

Die edelsten Sorten

Soll's mal was Besonderes sein? Die französische Sorte La Ratte zum Beispiel besitzt ein fein-nussiges Aroma und ist der Liebling vieler Spitzenköche für Schmorgerichte. Die ebenso aromatische belgische Corne de Gatte mit leicht rötlicher Schale ist eine hervorragende Wahl für Pellkartöffelchen als Beilage. Das Gleiche gilt für unsere heimischen Bamberger Hörnchen. Für manche Gerichte sind Grenailles, auch Drillinge genannt, ideal. Die murmel- bis tischtennisballgroßen Kartöffelchen sind keine eigene Sorte, einige Kartoffeln werden in der zartschaligen Mini-Ausgabe angeboten.

Haben Sie schon mal blaue Kartoffeln versucht? Die sogenannte Trüffelkartoffel Vitelotte besticht durch ihr nussig-würziges Aroma und hat ein blauviolettes Fruchtfleisch. Auch wenn sie zu den festkochenden Sorten zählt, ist sie doch stärkereich. Der Blaue Schwede mit blau marmoriertem Fruchtfleisch schmeckt etwas süßer und kocht eher mehlig. Bereiten Sie beide am besten als Pellkartoffeln zu. Geschält und in Stücke geschnitten geben sie nämlich Farbe ans Kochwasser oder die Schmorsauce ab, was einerseits bei der Kartoffel einen Verlust an Farbintensität und Nährstoffen bedeutet und im Falle der Sauce auch nicht besonders appetitlich aussieht. Auch in Scheiben gehobelt und als Chips frittiert schmecken beide ausgesprochen gut und sind immer ein Hingucker.

Süßkartoffeln: Botanisch gesehen ist die Süßkartoffel oder Batate nicht mit unserer Kartoffel verwandt. Aber auch sie hat ihren Ursprung in Südamerika. Die Farbe ihres Fruchtfleischs reicht von zartgelb bis tieforange. Die Knollen mit dem orangeroten Fruchtfleisch sind am aromatischsten. Sie schmecken roh mariniert, gekocht, geschmort oder gebacken, um nur einige Zubereitungsmöglichkeiten zu nennen. Ob mit heimischen Zutaten wie Frühlingszwiebeln, Petersilie und Schnittlauch, mit mediterranen Kräutern wie Thymian, Rosmarin und Salbei oder mit orientalischen Gewürzen wie Curry, Ingwer, Koriander und Kardamom – Süßkartoffeln sind sehr wandlungsfähig und lassen sich auf vielerlei Arten verfeinern. Mit Vanille oder Zimt aromatisiert eignet sich das mild-süße Fruchtfleisch sogar für Süßspeisen. Süßkartoffeln sind reich an Vitamin C, Vitamin B_6, Betacarotin und Kalium. Frisch gekauft und gleich zubereitet sind sie besonders saftig und aromatisch. Wenn Sie sie länger lagern möchten, so sollte das wie bei Kartoffeln in einer Papiertüte an einem kühlen, dunklen Ort geschehen.

Knollenziest: Er wird auch Japanische Kartoffel, Crosnes du Japon, Stachys oder Chinesische Artischocke genannt und stammt aus China. Er fand im 19. Jahrhundert den Weg zuerst nach Frankreich, und von dort zu uns. Die kleinen, mehrfach eingeschnürten Knöllchen sehen ein wenig aus wie dicke Raupen – etwas gewöhnungsbedürftig, zugegeben. Das köstliche, fein-würzige, nussig-süßliche Aroma, das an milde Artischocken oder auch an Schwarzwurzeln erinnert, entschädigt dafür. Wenn Sie also Knollenziest zwischen Oktober und Januar auf dem Markt entdecken, so greifen Sie zu! Und verbrauchen Sie ihn möglichst schnell, denn lange haltbar ist er nicht. Sie müssen ihn nicht schälen, die zarte Haut kann gut mitgegessen werden. Falls die Knöllchen sehr verschmutzt sind, legen Sie sie in ein sauberes Küchentuch, geben Sie ein bis zwei Esslöffel grobes Salz dazu und reiben Sie die Knöllchen damit vorsichtig ab. Anschließend gründlich abwaschen.

Pastinaken waren bis zum Siegeszug der Kartoffel im 18. Jahrhundert bei uns ein wichtiges Grundnahrungsmittel. Die hellbraunen Wurzeln, die man leicht mit Petersilienwurzeln verwechseln kann, haben ein mildsüßes Aroma und sind vielseitig verwendbar. Sie können sie dünn schälen und roh raspeln, weich kochen und zu Suppe oder Püree verarbeiten oder in Scheiben oder Stifte geschnitten braten oder schmoren. Auch auf dem Backofenblech zubereitet schmecken sie vorzüglich. Erntezeit ist von September bis April. Allzu lange lagern (in einer Papiertüte an einem trockenen, kühlen Ort) sollten Sie sie nicht, sie werden leicht trocken.

Knollensellerie ist ein typisches Wintergemüse. Haupterntezeit ist vom Spätsommer bis in den Herbst hinein. Dank seines hohen Gehalts an ätherischen Ölen schmeckt er nicht nur sehr aromatisch, sondern hat auch gesundheitsfördernde Wirkung. Regelmäßig genossen kann er blutdrucksenkend und infolge seines hohen Kaliumgehalts auch entwässernd wirken. Zur Zubereitung schälen Sie die Knolle großzügig und garen sie im Ganzen oder in Scheiben in Salzwasser, dem Sie etwas Zitronensaft oder Essig beimengen, damit er hell bleibt. Knollensellerie bleibt in feuchtes Küchenpapier gewickelt im Gemüsefach des Kühlschranks gut zehn Tage frisch.

Rote Bete: Die dunklen Knollen mit dem leuchtend purpurroten Fleisch bringen Farbe in die Gemüseküche. Ihr unverwechselbarer erdig-herber Eigengeschmack ist allerdings nicht jedermanns Sache. Vom Gesundheitsaspekt her hat Rote Bete beste Karten: Ihr roter Saft enthält Betanin, das die Abwehrkräfte stärkt, dazu versorgen sie uns mit Folsäure, weiteren B-Vitaminen, Vitamin C und den Mineralstoffen Kalium, Kalzium und Magnesium. Rote Bete hat ab Juni bis in den frühen Winter hinein Saison, ist aber lagerfähig. Bereits gegart und geschält ist sie im Vakuumpack ohnehin immer zu haben. Sie können die Knollen geschält und geraspelt als Rohkost servieren. Oder Sie kochen die Knollen im Ganzen weich, schälen sie und verarbeiten sie dann weiter. Das schon erwähnte Betanin färbt alles, was damit in Berührung kommt, rot, es wird daher auch als Lebensmittelfarbe eingesetzt. Damit Hände und Fingernägel nicht rot verfärben, sollten Sie zur Verarbeitung Einmal-Handschuhe anziehen.

Topinambur ist ursprünglich im südamerikanischen Hochland beheimatet, wird daher auch Indianerknolle, Erdbirne oder Erdartischocke genannt. Von November bis April haben die unregelmäßig geformten Knollen Saison. Sie können wie Kartoffeln gedünstet, gebraten oder gekocht und püriert werden, schmecken aber auch geraspelt als Rohkost. Zur Verwendung bürsten Sie sie kräftig unter fließendem kaltem Wasser ab. Wenn Sie sie schälen, so sollten Sie sehr schnell arbeiten oder die Knollen mit einem Spritzer Zitronensaft in kaltes Wasser legen, damit sie nicht grau werden.Topinambur hat einen hohen Ballaststoffanteil. Dazu ist sie reich an Kalium, Eisen und Vitamin B_1. Ein großer Teil der Kohlenhydrate ist in Form von Inulin enthalten, dessen Verwertung im Körper den Blutzuckerspiegel nicht beeinflusst. Das macht die Topinambur für Diabetiker zu einer interessanten Alternative zur Kartoffel.

Beliebte Knollen

Sellerie eignet sich für traditionelle Gerichte ebenso wie für die Feinschmeckerküche.

Rote Bete ist sehr gesund und äußerst vielseitig verwendbar – von der Vorspeise bis zum Dessert.

Pastinaken (links) – nicht zu verwechseln mit Petersilienwurzeln (rechts) lassen sich zu Salaten, Suppen und Pürees verarbeiten.

Französischer Knollenziest besticht durch seine witzige Form und sein fein-würziges Aroma.

Vorspeisen, Salate & Snacks

Rettich, Radieschen, Kohlrabi, Süßkartoffel und Rote Bete – aus vielen Knollen lassen sich im Handumdrehen *köstliche leichte Salate* zaubern. Raffinierte Rezepte mit Sellerie, Knollenziest und Schwarzwurzeln bringen weitere Abwechslung in Ihr Vorspeisenrepertoire. Dazu finden Sie in diesem Kapitel *fantasievolle Snacks* aus Kartoffeln & Co. – so kommt garantiert keine Langeweile auf.

Für Gäste und Feste

Ob als erster Gang eines Menüs, als kleiner Snack für Zwischendurch oder als **raffiniertes Partyfood** – aus den kleinen und großen Knollen lassen sich **außergewöhnliche Leckereien** zaubern.

Rettich und Radieschen sind Sommerhits, die nicht nur in bayerischen Biergärten gerne zu Bier und Brezn verspeist werden. Wussten Sie, dass Rettiche auch in Japan höchst beliebt sind? Der dort gezogene Daikon-Rettich ist etwas milder, unserem ansonsten aber sehr ähnlich. Das hat mich zu dem asiatisch anmutenden Rezept für Rettichsalat mit Sesamtofu (siehe Seite 18) inspiriert.

Saftige Knollen wie Kohlrabi schmecken auch roh hervorragend, beispielsweise auf der Universalreibe grob geraspelt und würzig angemacht als gesunder Rohkostsalat.

Die zapfenförmigen weißen Rettiche können bis zu 30 Zentimeter lang werden. Allzu riesige Exemplare sollten Sie allerdings eher meiden, denn sie erweisen sich beim Anschneiden oft als «holzig», also unangenehm faserig. Die typische Schärfe verdankt der Rettich den enthaltenen Senfölen. Ist er für Ihren Geschmack zu scharf, dann bestreuen Sie die aufgeschnittenen Scheiben mit etwas Salz, lassen diese einige Minuten Wasser ziehen und tupfen sie ab. Danach schmeckt der Rettich wesentlich milder. Die Frische von Rettich und Radieschen erkennt man ganz leicht am üppigen frischen Grün. Während Rettiche im Gemüsefach des Kühlschranks eine gute Woche aufbewahrt werden können, sollten Sie Radieschen rasch verbrauchen. Länger als drei Tage bleiben sie nicht knackig. Auf jeden Fall sollten Sie bei beiden aber das Grün vor der Lagerung abschneiden.

Roh oder vorgegart?

Kohlrabi schmecken ausgezeichnet als frischer Rohkostsalat. Die sogenannten Sprossknollen wachsen übrigens im Gegensatz zu den meisten anderen (Wurzel-)Knollen in diesem Buch oberirdisch. Neben hellgrünen, gibt es auch blaue Sorten, die eine rötlich blaue Haut aufweisen. Alle eignen sich bestens für eine ballaststoffreiche, leichte Küche – bei reichlich Vitaminen und Mineralstoffen enthalten sie gerade mal 24 kcal pro 100 Gramm. Kohlrabi sind recht unempfindlich, halten im Kühlschrank gut eine Woche. Auch hier gilt wie bei Rettichen: Kleinere Exemplare sind zarter und die Gefahr holziger Stellen ist geringer.

Eine nicht ganz billige, aber sehr delikate Rarität sind Kerbelknollen, auch Erdkastanien genannt. Der zweite

Name beschreibt ganz gut das nussige, an Esskastanien erinnernde Aroma, zu dem sich beim Aufschneiden ein dezenter Kerbelduft gesellt. Vom Aussehen her erinnern sie an kleine, milchkaffeebraune Pastinaken. Sie müssen nach der Ernte im Juli noch drei bis vier Monate in feuchtem Sand nachreifen und kommen dann ab November auf den Markt. Bürsten Sie die Knollen unter fließendem kaltem Wasser gründlich ab und hobeln Sie sie dann ungeschält in feine Scheiben. Am liebsten mag ich sie ganz einfach mit weißem Balsamicoessig und Kürbiskernöl beträufelt als Carpaccio (siehe Seite 18). Wer mag, kann darauf noch in Butter gebratene Jakobsmuscheln anrichten.

Für Salat eignen sich sowohl rohe als auch vorgegarte Rote Beten. Sie können die rohen Knollen schälen (Einmal-Handschuhe verhindern das Verfärben der Haut), raspeln und mit Zitronensaft, Salz, Zucker und Crème fraîche in einen Rohkostsalat verwandeln. In Frankreich bekommt man diesen des Öfteren zusammen mit ebenfalls roh geraspeltem Sellerie- und Karottensalat unter dem Namen *crudité* als Vorspeise. Bekannter und beliebter sind bei uns allerdings Rote Bete-Salate aus gekochten und anschließend geschälten Knollen. Dafür dürfen Sie gerne zu vakuumverpackter, vorgegarter Roter Bete greifen, die es mittlerweile auch in Bioqualität gibt – mit herb-säuerlichen Grapefruitfilets und einem feinen Walnuss-Dressing ein exquisiter Genuss für Feinschmecker (siehe Seite 23). Besonders gut entfaltet sich ihr erdig-würziges Aroma aber, wenn Sie sie im Salzbett im Backofen garen – mit Schnittlauchschmant (siehe Seite 41) ein Festessen für die Fans der purpurfarbenen Knolle.

Schwarzwurzeln

Unter der groben, dunklen Schale der bis zu 30 Zentimeter langen Stangen verbirgt sich ein zartes, helles Fleisch, das vom Geschmack her an milden Spargel, Topinambur oder auch Knollensellerie erinnert. Ihr Aussehen trug den Wurzeln vermutlich auch den Beinamen Winterspargel ein (sie werden von Oktober bis April angeboten). Schwarzwurzeln sind reich an Kalium, Eisen, Vitamin B_1 und E sowie Folsäure und Nitrat. Letzteres sorgt für die dunkle Verfärbung nach dem Schälen, der Sie entgegenwirken, wenn Sie die Stangen sogleich in Zitronen- oder Essigwasser legen.

Man kann Schwarzwurzeln übrigens vor oder nach dem Kochen schälen. Beim Schälen der rohen Schwarzwurzeln sollten Sie unbedingt Einmal-Handschuhe tragen, weil der Saft stark färbt und klebrige Spuren auf der Haut hinterlässt. Sie können die Stangen anschließend wie Spargel kochen und dann in einer leichten Vinaigrette ziehen lassen. Noch interessanter schmecken sie aber, wie ich finde, frittiert und mit cremiger Orangensauce serviert (siehe Seite 32).

Mit Mayo oder ohne?

Wenn es um Kartoffelsalat geht, kennen die meisten von uns keine Kompromisse: Entweder man liebt ihn schon seit Kindertagen schön saftig, mit ein wenig Brühe angemacht, oder ohne Mayonnaise geht gar nichts. Zu welcher Fraktion Sie auch gehören – die verwendeten Kartoffeln sollten in jedem Fall festkochend sein, Charlotte, Nicola oder Sieglinde beispielsweise sind eine gute Wahl. Mein Favorit ist die sehr aromatische, schön «speckige» Moossieglinde – so nennt man in Süddeutschland und Österreich die festkochenden Sorten, deren Scheiben nach dem Kochen einen feuchten Glanz haben. Auch Bamberger Hörnchen gehören dazu und ergeben einen exzellenten Kartoffelsalat. Allerdings ist es ein wenig mühsam, die unregelmäßig spindelförmigen Kartöffelchen zu pellen. Ein extravaganter Genuss für Gourmets, der auch optisch was hermacht, ist ein Salat aus Bamberger Hörnchen, Vitelotte (der blauen Trüffelkartoffel) und Süßkartoffeln, angemacht mit einem Dressing aus weißem Balsamicoessig und Walnussöl – sollten Sie mal ausprobieren! Beim Grillfest dagegen punkten Sie mit handfesteren Varianten wie einem italienischen Kartoffelsalat mit getrockneten Tomaten, Mozzarella und Rucola oder dem spanischen Klassiker mit Thunfisch, Eiern und grünen Oliven (beide Seite 38).

Kerbelknollen-Carpaccio mit Kürbiskernen

Wenn Sie sie im Vorfrühling auf dem Markt entdecken, greifen Sie zu: Die rare Delikatesse verspricht ein ungewöhnliches Geschmackserlebnis.

Zubereitung: 15 Minuten
Für 2 Personen

Zutaten

1 EL Kürbiskerne
2 EL weißer Balsamicoessig
1/3 TL Fleur de Sel
Zucker
4 EL Kürbiskernöl
200 g Kerbelknollen

▮ Die Kürbiskerne grob hacken und in einer Pfanne ohne Fett leicht rösten. Auf einen Teller geben und abkühlen lassen.

▮ Den Essig mit dem Fleur de Sel und einer Prise Zucker verrühren, bis sich beide aufgelöst haben. Das Kürbiskernöl unterschlagen.

▮ Die Kerbelknollen unter fließendem kaltem Wasser gründlich abbürsten. Die Knollen in dünne Scheiben hobeln und dachziegelförmig überlappend auf zwei Tellern anrichten. Das Dressing darüberträufeln und die Kürbiskerne darüberstreuen.

Variante: Roh mariniert entfaltet sich das nussige, an Maronen erinnernde Aroma der Kerbelknollen besonders gut. Sie können sie aber auch klein würfeln und 2–3 Minuten in Butterschmalz sautieren – passt gut als Beilage zu Kalbsschnitzel oder Zanderfilet.

Rettichsalat mit Sesamtofu

Die feine Schärfe von Rettich und Radieschen passt gut zum milden Tofu.

Zubereitung: 25 Minuten
Für 4 Personen
(siehe Bild)

Zutaten

600 g weißer Rettich
Salz
400 g schnittfester Tofu
3 EL helle Sojasauce
2 TL geröstetes Sesamöl
1 Bund Schnittlauch
½ Bund Radieschen
4 EL Weißweinessig
Zucker
6 EL neutrales Pflanzenöl
1 EL Sesam

▮ Den Rettich schälen, in Scheiben hobeln, salzen und 10 Minuten Wasser ziehen lassen. Den Tofu in zwei Zentimeter große Würfel schneiden, mit Sojasauce und Sesamöl vermischen und 10 Minuten durchziehen lassen.

▮ Den Schnittlauch waschen und in Röllchen schneiden. Von den Radieschen das Grün entfernen, schöne Blättchen beiseitelegen. Die Radieschen waschen und in feine Stifte schneiden. Den Essig mit je einer Prise Salz und Zucker verrühren und vier Esslöffel Öl unterschlagen, Schnittlauch und Radieschenstifte untermischen.

▮ Das übrige Öl in einer Pfanne erhitzen. Die Tofuwürfel mit Küchenpapier abtupfen und in 3–4 Minuten rundherum knusprig braun braten. Den Sesam darüberstreuen und 1 Minute mitbraten.

▮ Den Rettich trocken tupfen und auf vier Tellern anrichten. Das Radieschen-Dressing darüber verteilen. Die Sesam-Tofuwürfel darauf anrichten und mit Radieschenblättchen garnieren.

Roh marinierter Süßkartoffelsalat

Zitronengras und Koriandergrün verleihen dem chilischarfen Salat eine typisch asiatische Note.

Zubereitung: 25 Minuten
Marinieren: 30 Minuten
Für 4 Personen
(siehe Bild)

Zutaten

500 g junge, saftige Süßkartoffeln
2 Stängel Zitronengras
1–2 große rote Chilischoten
1 großes Bund Koriandergrün
4 EL Limettensaft
½ TL Salz | 1 TL Zucker
1 EL geröstetes Sesamöl
3 EL neutrales Pflanzenöl

▮ Die Süßkartoffeln schälen und mit dem Sparschäler längs in feine Streifen hobeln. Das Zitronengras von den äußeren harten Blättern befreien, das weiche untere Drittel in sehr feine Scheiben schneiden. Die Chilischote(n) in feine Scheiben schneiden und für 10 Minuten in kaltes Wasser legen. Das Koriandergrün waschen und trocken schütteln, die Blätter abzupfen.

▮ Aus dem Limettensaft, Salz, Zucker und den beiden Ölen ein Dressing rühren. Die Chiliringe trocken tupfen und mit den übrigen Zutaten unterheben. Den Salat 30 Minuten bei Zimmertemperatur durchziehen lassen.

Tipp: Im Wasser lösen sich die Kerne, in denen ein Großteil der Schärfe steckt, aus den Chilischoten.

Scharfer Kohlrabisalat

Der knackige Salat ist ein besonderer Genuss für alle Fans der Thai-Küche.

Zubereitung: 25 Minuten
Für 4 Personen

Zutaten

2 junge Kohlrabi (je etwa 300 g)
100 g kleine Kirschtomaten
2 Knoblauchzehen
2–3 kleine rote Chilischoten
4 EL geröstete, gesalzene Erdnüsse
3 EL Fischsauce
5 EL Limettensaft
1 EL Palmzucker (aus dem Asienladen, ersatzweise brauner Zucker)

▮ Die Kohlrabi schälen und grob raspeln. Die Kirschtomaten waschen und klein schneiden. Den Knoblauch schälen und, falls vorhanden, den grünen Trieb entfernen. Die Chilischoten waschen, vom Stielansatz befreien und samt den Kernen klein schneiden.

▮ Den Knoblauch und den Chili im Mörser fein zerstoßen. Die Erdnüsse dazugeben und grob zerstoßen. Fischsauce, Limettensaft und Palmzucker untermischen. Nach und nach die Kohlrabiraspel und Tomaten dazugeben und alles unter leichtem Stampfen vermischen, damit sich die Aromen gut verbinden.

Tipp: Wer keinen Mörser hat, zerkleinert Erdnüsse, Knoblauch und Chili im Blitzhacker und knetet die übrigen Zutaten 2–3 Minuten mit den Händen unter.

Rote Bete mit rosa Grapefruit

Ein fruchtig-feines Dressing aus Grapefruitsaft und Walnussöl ist das i-Tüpfelchen auf dieser schnellen Vorspeise für zwei.

Zubereitung: 15 Minuten
Für 2 Personen

Zutaten

1 Handvoll Feldsalat
4 Walnusshälften
1 rosa Grapefruit
½ TL mittelscharfer Senf
Salz
Pfeffer
3 EL Walnussöl
250 g gegarte Rote Bete (vakuumverpackt)

- Den Feldsalat sorgfältig putzen, waschen und in einem Sieb abtropfen lassen. Die Walnusshälften grob hacken.

- Die Grapefruit bis ins Fruchtfleisch schälen, sodass auch die bittere weiße Innenhaut entfernt wird. Über einer Schüssel mit einem scharfen Messer die Filets zwischen den Trennhäutchen herausschneiden und den Saft dabei auffangen.

- Vom Grapefruitsaft drei Esslöffel abmessen und in einer kleinen Schüssel mit dem Senf und je einer kräftigen Prise Salz und Pfeffer verrühren. Das Walnussöl unterschlagen.

- Die Rote Bete (am besten in Einmal-Handschuhen, damit Hände und Nägel nicht verfärben) in dünne Scheiben schneiden und dachziegelförmig auf zwei Tellern auslegen. Den Feldsalat und die Grapefruitfilets mittig darauf anrichten. Das Dressing darüberträufeln und die gehackten Walnüsse darüberstreuen. Dazu schmeckt knuspriges Baguette.

Tipp: Vorgegarte, vakuumverpackte Rote Bete ist superpraktisch, wenn es schnell gehen soll. Wer die Rote Bete selber garen möchte, entfernt die Blätter, bedeckt die Knollen mit Salzwasser und kocht sie, je nach Größe, in 40–50 Minuten weich. Achten Sie darauf, die Schale nicht zu verletzen, damit die Knollen beim Kochen nicht „ausbluten", sprich ihren wertvollen Saft ans Kochwasser abgeben.

Blattsalat mit Knollenziest und Tomaten-Dressing

Die hübsch geformten, kleinen Knöllchen sind ein echter Hingucker.

Zubereitung: 25 Minuten
Für 2 Personen

Zutaten

120 g Kleinblattsalatmischung
1 Strauchtomate
1 Schalotte
2 EL Rotweinessig
Salz | Zucker
Pfeffer
5 EL mildes Olivenöl
150 g Knollenziest
(siehe Seite 12/13)

▮ Den Salat waschen und in einem Sieb abtropfen lassen. Die Tomate überbrühen, enthäuten, von den Samen befreien und fein würfeln. Die Schalotte schälen und sehr fein würfeln. Den Essig mit einer kräftigen Prise Salz, einer kleinen Prise Zucker und einer Prise Pfeffer verrühren und drei Esslöffel Öl unterschlagen. Tomaten- und Schalottenwürfel untermischen.

▮ Den Knollenziest gründlich waschen und abtrocknen. Das übrige Öl in einer Pfanne erhitzen. Die Knollen mit einem halben Teelöffel Zucker und einer kräftigen Prise Salz dazugeben und bei mittlerer Hitze 3–4 Minuten durchschwenken. Lauwarm abkühlen lassen.

▮ Den Salat auf zwei Teller geben, den Knollenziest darauf verteilen und das Tomatendressing darüberträufeln.

Selleriesalat mit Haselnüssen

Einfach und raffiniert zugleich – mit feinem Nussöl und einer Prise Zimt wird aus Omas Selleriesalat eine Delikatesse.

Zubereitung: 1 Stunde
Für 4 Personen
(siehe Bild)

Zutaten

1 kleine Knolle Sellerie
(etwa 800 g)
Salz
10–12 Haselnüsse
½ Kopf Salat,
beispielsweise
Lollo biondo
4 EL Weißweinessig
Zucker
4 EL Haselnussöl
Pfeffer
gemahlener Zimt

▮ Den Sellerie in einem Topf mit Salzwasser bedecken und in etwa 45 Minuten weich garen. Herausnehmen und lauwarm abkühlen lassen. Inzwischen die Haselnüsse grob hacken und in einem Pfännchen ohne Fett bei schwacher Hitze rösten. Den Salat waschen, trocken tupfen und vier Teller damit belegen.

▮ Den Essig mit einem Drittel Teelöffel Salz und einer Prise Zucker verrühren, bis sich beide gelöst haben. Das Nussöl unterschlagen und mit Pfeffer und einer Prise Zimt abschmecken.

▮ Den Sellerie schälen, in mundgerechte Stücke schneiden und im Dressing wenden. Auf dem Eichblattsalat anrichten und die Haselnüsse darüberstreuen.

Variante: Wer mag, garniert den Selleriesalat zusätzlich mit ein wenig Gorgonzola (etwa 30 Gramm pro Person).

Vitelottecreme mit Lachstatar und Wasabischaum

Zubereitung: 1 Stunde
Kühlen: 1 Stunde
Für 8 Gläser

Zutaten

500 g Vitelotte (blaue Kartoffelsorte)
100 g Crème fraîche
Salz
weißer Pfeffer
1 walnussgroßes Stück frischer Ingwer
1 Biolimette
½ Bund Koriandergrün
250 g sehr frisches Lachsfilet
(Sushi-Qualität)
100 g Sahne
1 knapper TL Wasabipulver
(aus dem Asienladen)
Zucker

- Die Kartoffeln in einem Topf mit Dämpfeinsatz in etwa 25 Minuten weich dämpfen. Lauwarm abgekühlt pellen und durch die Kartoffelpresse drücken. Mit der Crème fraîche verrühren und mit Salz und Pfeffer abschmecken. In acht Gläser füllen.

- Den Ingwer schälen und millimeterfein würfeln. Die Limette heiß abwaschen, abtrocknen und die Schale mit einem Zestenreißer in feinen Spänen abziehen. Anschließend den Saft auspressen. Das Koriandergrün waschen, trocken schütteln, die Blättchen abzupfen und die Hälfte davon fein schneiden. Den Rest für die Dekoration in feuchtes Küchenpapier wickeln und in den Kühlschrank legen.

- Das Lachsfilet kalt abwaschen, abtrocknen und sehr fein würfeln. Mit zwei Esslöffeln Limettensaft, Ingwer, Limettenschale und gehacktem Koriandergrün mischen und mit Salz und weißem Pfeffer abschmecken. Auf die Vitelottecreme in die Gläser geben und für 1 Stunde kalt stellen.

- Die Sahne mit dem Wasabipulver und je einer Prise Salz und Zucker steif schlagen. Das Lachstatar damit bekrönen und die Gläschen mit Korianderblättchen garniert servieren.

Selleriecreme mit Räuchermakrele

Zubereitung: 45 Minuten
Kühlen: 2 Stunden
Für 8 Gläser à 150 ml Inhalt

Zutaten

½ Knolle Sellerie (500 g)
Salz | 1 EL Zitronensaft
2 zarte Stangen
Staudensellerie mit Grün
150 g Sahne
1 Pck. Sahnesteif
100 g Sahnequark
(40 % Fett i.Tr.)
weißer Pfeffer
Muskatnuss, frisch gerieben
300 g Räuchermakrelenfilets

▮ Den Sellerie schälen, in zwei Zentimeter große Würfel schneiden, salzen und mit dem Zitronensaft mischen. In einem Topf mit Dämpfeinsatz in etwa 12 Minuten weich dämpfen. Auskühlen lassen.

▮ Den Staudensellerie waschen, das Grün für die Dekoration in feuchtes Küchenpapier wickeln und in den Kühlschrank legen. Die Stangen millimeterfein würfeln.

▮ Die Sahne mit einer Prise Salz und dem Sahnesteif steif schlagen. Den gedämpften Sellerie mit dem Quark fein pürieren, mit Salz, weißem Pfeffer und Muskatnuss würzig abschmecken. Den Staudensellerie und die Sahne unterziehen und noch einmal abschmecken. In acht Gläser füllen und für 2 Stunden zugedeckt kalt stellen.

▮ Zum Servieren die Makrelenfilets klein würfeln und auf die Selleriecreme geben. Mit Selleriegrün garnieren.

Süßkartoffelcreme mit Avocado und Bresaola

Zubereitung: 40 Minuten
Kühlen: 2 Stunden
Für 8 Gläser à 150 ml Inhalt
(siehe Bild)

Zutaten

500 g Süßkartoffeln
(geschält etwa 400 g)
125 ml Milch
Salz | 150 g Sahne
Cayennepfeffer
2 EL Limettensaft
Zucker
1 EL Walnussöl oder mildes
Olivenöl
1 große reife Avocado
24 Scheiben Bresaola oder
Bündner Fleisch (etwa 100 g)

▮ Die Süßkartoffeln schälen, würfeln, mit der Milch und einem halben Teelöffel Salz in einem Topf aufkochen und 10 Minuten bei schwacher Hitze zugedeckt kochen lassen. Abkühlen lassen.

▮ Die Sahne steif schlagen. Die Süßkartoffeln fein pürieren, die Sahne unterziehen und mit Salz und Cayennepfeffer abschmecken. In acht Gläser füllen und zugedeckt kalt stellen.

▮ Den Limettensaft mit je einer Prise Salz, Cayennepfeffer und Zucker mischen und das Öl unterrühren. Die Avocado schälen, den Stein entfernen, das Fruchtfleisch fein würfeln und untermengen.

▮ Den Avocadosalat auf die Süßkartoffelcreme geben. Die Bresaolascheiben zu Röschen drehen und die Gläschen mit je drei davon bekrönen.

Knollen-Antipasti mit Persillade

Das Gemüse lässt sich wunderbar vorbereiten und schmeckt auch noch am nächsten Tag.

Zubereitung: 45 Minuten
Für 4 Personen

Zutaten

Für das Gemüse
4 EL Olivenöl
300 g Petersilienwurzeln
300 g Karotten
Salz
1 EL frische Thymianblättchen
200 g vorgegarte Rote Bete (vakuumverpackt)

Für die Persillade
1 großes Bund Petersilie
1 Knoblauchzehe
Salz
6 EL Olivenöl
Pfeffer
2 TL Zitronensaft
Zucker

- Den Backofen auf 220 °C vorheizen, ein Blech mit Backpapier belegen und mit einem Esslöffel Öl einpinseln. Die Petersilienwurzeln und Karotten schälen, längs in dünne Scheiben hobeln und darauf verteilen. Mit Salz und Thymian bestreuen und das übrige Öl darüberträufeln. Das Gemüse im heißen Ofen auf der mittleren Schiene in etwa 15 Minuten bissfest garen, gelegentlich wenden.

- Inzwischen für die Persillade die Petersilie waschen, trocken schütteln und die Stiele entfernen. Den Knoblauch schälen und etwas zerkleinern. Petersilienblätter und Knoblauch mit einer kräftigen Prise Salz und dem Olivenöl im Mixer (oder einem hohen Aufschlaggefäß mit dem Pürierstab) fein pürieren. Mit Pfeffer, Zitronensaft und einer kleinen Prise Zucker abschmecken.

- Das Blech mit dem Gemüse aus dem Backofen nehmen. Die Rote Bete (Einweg-Handschuhe tragen) in dünne Scheiben schneiden und für 2–3 Minuten mit aufs heiße Blech legen, damit sie ein wenig angewärmt wird.

- Das lauwarme Gemüse auf vier Tellern anrichten und die Persillade darüberträufeln. Dazu schmeckt knuspriges Ciabatta oder Baguette.

Variante: Wer Rote Bete nicht mag, lässt sie weg und gibt mit den Petersilienwurzeln und Karotten zwei bis drei in dünne Scheiben gehobelte Zucchini aufs Blech.

Knusperschwarzwurzeln mit Orangen-Sabayon

Zu diesem spanisch inspirierten Tapasrezept mundet ein Gläschen eisgekühlter trockener Sherry (Fino).

Zubereitung: 50 Minuten
Für 4 Personen

Zutaten

Für die Schwarzwurzeln
Saft von 1 Zitrone
600 g Schwarzwurzeln
5 EL Mehl
1 Ei
50 ml trockener Sherry
Salz
¼ TL Cayennepfeffer
etwa 750 ml neutrales Pflanzenöl zum Frittieren

Für das Orangen-Sabayon
1 unbehandelte Orange
2 sehr frische Eigelb
Salz
Cayennepfeffer
Zucker
2 EL geschlagene Sahne

- Eine Schüssel mit kaltem Wasser und dem Zitronensaft bereitstellen. Die Schwarzwurzeln schälen (siehe Seite 17), quer halbieren und sofort ins Zitronenwasser geben, damit sie nicht braun werden.

- Die Orange für das Sabayon heiß abwaschen und abtrocknen, die Schale mit einem Zestenreißer in feinen Spänen abziehen, den Saft auspressen. Topf und Metallschüssel für ein heißes Wasserbad bereitstellen.

- Das Mehl in eine Rührschüssel geben. Das Ei trennen, das Eigelb zum Mehl geben, das Eiweiß mit einer Prise Salz steif schlagen. Mehl, Eigelb, Sherry und 75 Milliliter kaltes Wasser verquirlen, mit Salz und Cayennepfeffer würzen und den Eischnee unterziehen.

- Das Öl in der Fritteuse oder einem Topf erhitzen. Die Schwarzwurzelstücke portionsweise abtrocknen, im Sherryteig wenden und im heißen Öl in 4–5 Minuten goldbraun frittieren. Mit einem Schaumlöffel herausheben und auf Küchenpapier abtropfen lassen.

- Für das Sabayon die Eigelbe mit drei Esslöffeln Orangensaft in der Metallschüssel verrühren, über das heiße Wasserbad hängen und mit dem Schneebesen in 2–3 Minuten schaumig aufschlagen. Mit Salz, Cayennepfeffer und einer Prise Zucker würzen. Die Orangenzesten unterrühren und die Schlagsahne unterziehen. Das Sabyon auf vier vorgewärmte Schälchen verteilen und als Dip zu den Knusperschwarzwurzeln servieren.

Samosas

Die knusprigen indischen Teigtäschchen mit kräftig gewürzter Kartoffel-Erbsen-Füllung eignen sich prima als Party-Snack.

Zubereitung: 1 Stunde
Ergibt 20 Stück

Zutaten

Für die Füllung
600 g mehlig kochende Kartoffeln
150 g tiefgekühlte Erbsen
1 Stück frischer Ingwer (etwa 3 cm)
1 Bund Koriandergrün
2 EL neutrales Pflanzenöl
1 TL Kreuzkümmel
½ TL Chilipulver
½ TL Salz
½ TL Garam Masala (indische Gewürzmischung aus dem Asienladen)

Für den Teig
250 g Mehl
Salz
5 EL neutrales Pflanzenöl

Außerdem
Mehl für die Arbeitsfläche
etwa 750 ml neutrales Pflanzenöl zum Frittieren

- Die Kartoffeln waschen, in einem Topf mit Wasser bedecken und in etwa 25 Minuten weich kochen. Die Erbsen antauen lassen.

- Inzwischen für den Teig das Mehl mit einem halben Teelöffel Salz in eine Schüssel geben. Das Öl und 125 Milliliter Wasser dazugeben und alles mit den Knethaken des Handrührgeräts zu einem festen Teig verkneten. Den Teig zu einer Kugel formen und zugedeckt ruhen lassen, bis die Füllung fertig ist.

- Den Ingwer schälen und fein reiben. Das Koriandergrün waschen und trocken schütteln, die Blätter fein schneiden. Die Kartoffeln abgießen, kalt abschrecken, pellen und mit einer Gabel fein zerdrücken.

- Das Öl in einer Pfanne erhitzen. Den Kreuzkümmel darin kurz braten, den Ingwer dazugeben und unter ständigem Rühren anbraten. Kartoffeln, Erbsen und Chilipulver untermischen, salzen und 5 Minuten unter Rühren braten. Koriandergrün und Garam Masala unterrühren, abkühlen lassen.

- Den Teig in zehn Portionen teilen und zu Kugeln formen. Auf der bemehlten Arbeitsfläche zu Kreisen von 16 Zentimeter Durchmesser ausrollen und diese mit einem Messer halbieren. Jeweils einen gehäuften Esslöffel Füllung auf eine Seite eines Halbmonds geben, das unbedeckte Kreisviertel darüberklappen und die Teigränder gut zusammendrücken.

- Das Öl zum Frittieren erhitzen. Die Samosas darin portionsweise in 3–4 Minuten goldbraun frittieren, herausheben und auf Küchenpapier abtropfen lassen. Lauwarm oder kalt servieren.

Kartoffel-Spinat-Pflänzchen

Das Kichererbsenmehl verleiht den Pflänzchen ein fein-nussiges Aroma und sorgt dafür, dass sie beim Braten nicht zu viel Fett aufsaugen.

Zubereitung: 50 Minuten
Ergibt 20 Stück
(siehe Bild)

Zutaten

225 g tiefgekühlter Blattspinat
600 g mehlig kochende Kartoffeln
1–2 große grüne Chilischoten
4 EL Kichererbsenmehl
1 TL getrockneter Thymian
1 TL Kurkuma | Salz
neutrales Pflanzenöl
300 g Vollmilchjoghurt
½ TL gemahlener Kreuzkümmel
2–3 Stängel Minze

▮ Den Spinat rechtzeitig auftauen lassen. Die Kartoffeln waschen, in einem Topf mit Wasser bedecken und in etwa 25 Minuten weich kochen. Den Spinat gut ausdrücken und grob schneiden. Die Chilischoten längs halbieren, von den Samen befreien und in feine Streifen schneiden.

▮ Die Kartoffeln abgießen, kalt abschrecken, pellen und mit einer Gabel zerdrücken. Chili, Spinat, Kichererbsenmehl, Thymian, Kurkuma und einen knappen Teelöffel Salz unterkneten. Aus der Masse 20 Kugeln formen und flach drücken. In einer Pfanne einen Zentimeter hoch Öl erhitzen und die Pflänzchen darin portionsweise von jeder Seite 3 Minuten braten.

▮ Für den Dip den Joghurt mit dem Kreuzkümmel und einer Prise Salz glatt rühren. Die Minze waschen und trocken schütteln, die Blätter fein schneiden und unterrühren. Zu den heißen oder lauwarmen Pflänzchen servieren.

Runzelkartoffeln mit Koriander-Mojo

Die Kanarischen Inseln sind die Heimat der *papas arrugadas*.

Zubereitung: 40 Minuten
Für 4 Personen

Zutaten

800 g kleine festkochende Kartoffeln
4 EL + ½ TL grobes Meersalz
1 Bund Koriandergrün
3–4 junge Knoblauchzehen
½–1 große grüne Chilischote
1 TL Kreuzkümmel
6 EL Olivenöl
1 EL Weißweinessig

▮ Die Kartoffeln gründlich waschen, in einem Topf knapp mit Wasser bedecken und vier Esslöffel Meersalz darüberstreuen. Aufkochen und in etwa 25 Minuten weich kochen.

▮ Inzwischen das Koriandergrün waschen, trocken schütteln, die groben Stiele entfernen. Den Knoblauch schälen und grob zerkleinern. Den Chili waschen, Stiel und Samen entfernen, die Schote fein hacken. Den Kreuzkümmel in einem Pfännchen leicht rösten, dann mit Knoblauch, dem restlichen Salz und Chili im Mörser fein zerstoßen. Das Koriandergrün nach und nach dazugeben und alles zu einer feinen Paste verarbeiten. Das Öl und den Essig unterrühren und die Sauce mit zwei bis drei Esslöffeln Wasser verlängern.

▮ Wenn die Kartoffeln weich sind, das Wasser abgießen und zwischen Topf und Deckel ein Küchenhandtuch legen. Den Topf zugedeckt bei schwacher Hitze für 2–3 Minuten auf den Herd stellen, dabei gelegentlich rütteln. Die Kartoffeln mit dem Koriander-Mojo servieren.

Italienischer Kartoffelsalat

Der bunte Kartoffelsalat schmeckt pur als Vorspeise oder beim Grillfest.

Zubereitung: 45 Minuten
Für 4 Personen
(siehe Bild)

Zutaten

600 g festkochende Kartoffeln
100 g kleine Kirschtomaten
1 Kugel Mozzarella (125 g)
6 getrocknete Tomaten in Öl + 4 EL Einlegeöl | 50 g italienische Salami, dünn geschnitten
je ½ Bund Basilikum und Rucola (insgesamt 50–70 g)
2–3 EL weißer Balsamicoessig
Salz | Pfeffer
1 Handvoll schwarze Oliven

▮ Die Kartoffeln waschen, in einem Topf mit Wasser bedecken und in etwa 25 Minuten weich kochen. Abgießen und lauwarm abkühlen lassen.

▮ Inzwischen die Tomaten waschen und halbieren. Den Mozzarella abtropfen lassen und klein würfeln. Die getrockneten Tomaten abtropfen lassen und in feine Streifen schneiden. Die Salami in Stücke zupfen. Die Kräuter waschen, die Stiele entfernen und die Blätter zerzupfen.

▮ Den Essig in einer Schüssel mit je einer Prise Salz und Pfeffer verrühren und das Tomatenöl unterschlagen. Die Kartoffeln pellen, in Scheiben schneiden und leicht salzen. Mit Kirschtomaten, Mozzarella, getrockneten Tomaten, Salami, Kräutern und Oliven unter das Dressing mischen.

Ensaladilla rusa

«Russischer Salat» heißt dieser gehaltvolle Kartoffelsalat, der in Spanien gerne als Vorspeise gereicht wird, aber auch ein prima Partysalat ist.

Zubereitung: 1 Stunde
Für 4–6 Personen

Zutaten

1 kg große festkochende Kartoffeln
4 Eier
100 g tiefgekühlte Erbsen
2 Dosen Thunfisch in Öl (je 185 g)
150 g grüne Oliven ohne Stein
1 weiße Zwiebel, nach Belieben
Salz | 4 EL Salatmayonnaise (23 % Fettgehalt)
1 EL mittelscharfer Senf

▮ Die Kartoffeln waschen, in einem Topf mit Wasser bedecken und in etwa 25 Minuten weich kochen. Die Eier in 10 Minuten hart kochen. Die tiefgekühlten Erbsen in kochendes Salzwasser geben und 3–4 Minuten blanchieren. In ein Sieb abgießen.

▮ Den Thunfisch in ein Sieb abgießen und mit einer Gabel grob zerpflücken. Die Oliven abtropfen lassen und in Scheiben schneiden. Die Zwiebel, falls verwendet, schälen, längs halbieren und in feine Spalten schneiden.

▮ Die Kartoffeln abgießen, ausdampfen lassen, noch warm pellen und in einen halben Zentimeter große Würfel schneiden. Die Eier pellen und grob hacken. Kartoffeln und Eier salzen.

▮ Die Mayonnaise in einer Schüssel mit dem Senf verrühren. Kartoffeln, Eier, Erbsen, Thunfisch, Oliven und Zwiebeln untermengen.

Rote Bete im Salzbett mit Schnittlauchschmant

Einfach und doch raffiniert: Die Zubereitung im Salzbett bringt das erdige Aroma der Roten Bete perfekt zur Geltung.

Zubereitung: 15 Minuten
Backzeit: 1 Stunde
Für 4 Personen

Zutaten

2 kg grobes Meersalz
8 kleine, junge Rote Beten (je etwa 100 g)
1 Bund Schnittlauch
250 g Schmant
4 EL Zitronensaft
Salz
Pfeffer
Zucker

- Den Backofen auf 220 °C vorheizen. Die Fettpfanne des Backofens mit Backpapier belegen und die Hälfte des Salzes daraufgeben. Die Roten Beten von den Blättern befreien und waschen. Mit etwas Abstand in das Salzbett drücken und das übrige Salz so darüberhäufen, dass alle Knollen gut bedeckt sind. Für 1 Stunde auf der mittleren Schiene in den Backofen schieben.

- Für den Dip den Schnittlauch waschen, trocken schütteln und in Röllchen schneiden. Den Schmant mit dem Zitronensaft, je einer kräftigen Prise Salz und frisch gemahlenem Pfeffer und einer kleinen Prise Zucker verrühren. Die Schnittlauchröllchen untermischen.

- Die Roten Beten aus dem Backofen nehmen, vom Salz befreien und einige Minuten abkühlen lassen, bis man sie anfassen kann. Dann (mit Einmal-Handschuhen) schälen und vierteln. Auf vier Tellern anrichten und mit dem Schnittlauchschmant als Vorspeise servieren.

Suppen, Eintöpfe & Currys

Kartoffelsuppe? Herrlich! Auf den folgenden Seiten finden Sie nicht weniger als sechs Varianten – darunter natürlich die *elegante Vichyssoise* und auch eine exotische Kartoffel-Linsen-Suppe. Sellerie, Topinambur, Knollenziest und Rettich sind die Basis für weitere *spannende Suppenideen*. Partytaugliche Eintöpfe und Currys mit Kartoffeln, Süßkartoffeln, Steckrüben und Co. runden das Kapitel ab.

Die beiden Gewürzknollen Ingwer und Galgant verleihen asiatisch inspirierten Speisen eine feine Schärfe und eine exotische Note.

Für Topfgucker

Wärmende Suppen, mal deftig, mal raffiniert, **Eintöpfe aus der ganzen Welt**, mal herzhaft, mal leicht und **exotische Currys**, mal sahnig-mild, mal chilischarf – Kartoffel & Knolle sind die perfekte Basis fabelhafter Alles-aus-einem-Topf-Gerichte.

Kartoffelsuppe habe ich schon als Kind geliebt. Bei meiner Oma gab's immer eine fein passierte Variante mit ein wenig Suppengrün und ein paar getrockneten Steinpilzen fürs Aroma – wunderbar! Kartoffeln lassen sich aber auf viele weitere Arten zu schmackhaften Süppchen verwandeln. Ob deftig mit Speck und Zwiebeln oder exotisch mit Apfel, Ingwer und Curry, ob kombiniert mit Bärlauch oder mit roten Linsen – sie machen immer eine gute Figur. Doch eins ist wichtig: Verwenden Sie zum Pürieren bitte weder Mixer noch Pürierstab! Mixen Sie nämlich nur ein wenig zu lange, bekommt die Suppe eine kleisterartige Konsistenz, die keiner will. Zerdrücken Sie die weich gekochten Kartoffeln also besser mit dem Kartoffelstampfer zu feinem Mus oder drehen Sie sie durch die Flotte Lotte. So bleiben Struktur und Geschmack der Knolle erhalten, für die Cremigkeit sorgt die Kartoffelsorte. Soll Ihre Suppe nämlich sämig werden, dann sind mehlig kochende Kartoffeln die richtige Wahl. Sie enthalten reichlich Stärke und verleihen der Suppe auch ohne Beigabe von Sahne, Schmant oder Crème fraîche eine geschmeidige Konsistenz. Sollen dagegen die Kartoffelstückchen in Eintopf oder Curry ihre Form bewahren, dann greifen Sie besser zu vorwiegend festkochenden Kartoffeln.

Neben Kartoffeln spielen in diesem Kapitel aber auch andere Knollen eine tragende Rolle: Süßkartoffel, Sellerie und Topinambur eignen sich beispielsweise hervorragend für feine Cremesuppen. Dabei dürfen Sie gerne mit dem Pürierstab zu Werke gehen. Zum milden Selleriecremesüppchen reichen Sie Kalbsleber-Apfel-Spießchen (siehe Seite 53). Die Süßkartoffelcremesuppe wird mit einem ungewöhnlichen Topping aus Datteln, Mandeln, kandiertem Ingwer und Minze serviert (siehe Seite 54). Und das leicht erdige Aroma der Topinambur verbindet sich mit Frühlingszwiebeln und knusprigem Speck zu einem Menüauftakt für Feinschmecker (siehe Seite 54). Wer klare Suppen bevorzugt, darf sich auf eine delikate Rote-Bete-Suppe (siehe Seite 56) freuen, auf der Basis einer selbst gekochten Fleischbrühe und mit frischem Meerrettich verfeinert – ein Gedicht! Die Freunde asiatischer Suppen kommen bei der Kokossuppe mit Knollenziest und bei der Asia-Suppe mit Rettich und Garnelen (siehe Seite 58) voll auf ihre Kosten.

Für Eintöpfe und Currys lassen sich Kartoffeln, Süßkartoffeln und auch manche Rüben prima mit anderen Gemüsesorten, Fisch und Fleisch kombinieren. Eine besondere Knolle will ich dabei nicht unerwähnt lassen, die in den letzten Jahren zu neuen Ehren gekommen ist: die Steck- oder Kohlrübe. Sie ist überaus reich an Mineralstoffen und Vitamin C und passt mit nur neun Kilokalorien pro 100 Gramm perfekt zu einer zeitgemäßen, leichten Ernährung. Die meist über ein Kilogramm schweren, preiswerten Knollen haben ein festes, blassgelbes Fleisch. Ihr herbsüßer Geschmack erinnert entfernt an Kohl, ist aber so neutral, dass Steckrüben beim Kochen jedes gewünschte Aroma annehmen. Somit sind sie nicht nur wie einst für einfache Armeleutegerichte, sondern auch für die moderne Feinschmeckerküche prädestiniert. Überzeugen Sie sich selbst bei italienischer Steckrüben-Minestrone (siehe Seite 56), thailändischem Steckrüben-Fisch-Curry (siehe Seite 69) und – das Rezept finden Sie im nächsten Kapitel – bei einem knusprig überbackenen Steckrüben-Crumble mit Parmesan (siehe Seite 104).

Gewürzknollen

Nicht als Hauptbestandteil, aber als würzige Beigabe für Suppen und Currys dienen Ingwer und Galgant. Frischen Ingwer erkennen Sie an seiner seidig schimmernden, beigefarbenen Haut. Wenn Sie ihn anschneiden, sollte saftiges, gelbes Fleisch mit kräftig scharfem Geruch zutage treten. Wirkt bereits das Äußere matt und verschrumpelt, lassen Sie ihn besser liegen. Dann ist er oft holzig und schmeckt penetrant. Im Gemüsefach des Kühlschranks hält Ingwer in Frischhaltefolie verpackt gut 14 Tage. Zur Verwendung schälen Sie die gewünschte Menge und reiben sie auf der feinen Seite der Universalreibe oder würfeln Sie sie fein.

Galgant ist eine vom Aussehen her dem Ingwer ähnliche, cremefarbene Wurzelknolle mit rosafarbenen Trieben. Der Geschmack unterscheidet sich aber deutlich von dem des Ingwers, ist weniger scharf, dafür sehr aromatisch. Er findet in manchen thailändischen Currypasten Verwendung, dient aber vor allem zur Aromatisierung von Suppen. Ist der Galgant noch ganz jung und hat eine zarte Haut, dann kann er mitgegessen werden. Hobeln Sie ihn dazu gewaschen, aber ungeschält in hauchfeine Scheiben. Ist er bereits reifer, die Haut fester, so schneiden Sie ihn, ebenfalls ungeschält, in etwa zwei Millimeter dicke Scheiben. Sie können ihn dann zwar auch mitservieren, Sie sollten Ihre Gäste aber darauf aufmerksam machen, dass er, genau wie die beigefügten Kaffirlimettenblätter und Chilischoten, nicht mitgegessen wird. Während Ingwer heute auch in vielen gut sortierten Supermärkten erhältlich ist, bekommen Sie Galgant nur im Asienladen. Sie können beide auch prima einfrieren. Im Ganzen vakuumiert oder in einer gut schließenden Gefrierdose verpackt, halten sie etwa sechs Monate.

Neben diesen besonders in Südostasien geschätzten Gewürzknollen gibt es noch eine weitere, die sich in Japan großer Beliebtheit erfreut: die Wasabiwurzel. Auch wenn sie nicht miteinander verwandt sind – ihr Aroma ähnelt unserem Meerrettich, weshalb Wasabi auch gerne als japanischer grüner Meerrettich bezeichnet wird. In Japan wird die hellgrüne Wurzel mit der schuppigen Haut fast ausschließlich frisch gerieben verwendet, bei uns ist sie nur in Ausnahmefällen in sehr gut sortierten Asienläden frisch zu ergattern. Macht nichts! Greifen Sie für die scharfe Variante der Vichyssoise (siehe Seite 46) einfach auf Wasabipaste aus der Tube oder auf Wasabipulver zurück – man bekommt beides in gut sortierten Supermärkten und im Asienladen. Aber Vorsicht, die grüne Paste ist um einiges schärfer als unser Meerrettich!

Vichyssoise mit Flusskrebsen

Der französische Klassiker wird eiskalt serviert und ist der perfekte Auftakt zu einem edlen Sommermenü.

Zubereitung: 30 Minuten
Kühlen: 2 Stunden
Für 4 Personen

Zutaten

250 g mehlig kochende Kartoffeln
3 Stangen Lauch, nur die weißen Teile
1 kleine Zwiebel
1 EL Butter
600 ml Hühnerbrühe
100 g Sahne
Salz
weißer Pfeffer
½ Bund Schnittlauch
120 g gegarte Flusskrebse (aus der Kühltheke)

- Die Kartoffeln schälen und würfeln. Den Lauch putzen, gründlich waschen und den weißen Teil in Ringe schneiden (den grünen Teil anderweitig verwenden). Die Zwiebel schälen und fein würfeln.

- Die Butter in einem Topf aufschäumen. Zwiebel, Kartoffeln und Lauch darin bei mittlerer Hitze 2–3 Minuten anbraten, aber nicht Farbe nehmen lassen. Mit der Brühe ablöschen, aufkochen und 20 Minuten zugedeckt bei mittlerer Hitze kochen lassen, bis die Kartoffeln zerfallen.

- Die Suppe mit dem Kartoffelstampfer fein zerdrücken und durch ein feines Sieb streichen. Die Sahne unterrühren und die Suppe mit Salz und weißem Pfeffer abschmecken. Für 2 Stunden kalt stellen. Vier Suppenschalen ins Gefrierfach stellen.

- Zum Servieren den Schnittlauch waschen und trocken schütteln. Die kalte Vichyssoise in die eisgekühlten Suppenschalen füllen und die Flusskrebse darauf anrichten. Mit Schnittlauchhalmen garnieren.

Variante: Für eine scharfe asiatische Variante rühren Sie mit der Sahne einen Esslöffel Wasabipaste (aus dem Asienladen) unter. Statt Flusskrebsen schmecken als Einlage auch in Stücke zerteilte Räucherforellenfilets und dazu ein wenig Forellenkaviar.

Kartoffel-Bärlauch-Cappuccino mit Muskatmilchschaum

Das kräuterwürzige Kartoffelsüppchen mit der feinen Knoblauchnote macht auch optisch was her – perfekt für Gäste.

Zubereitung: 30 Minuten
Für 4 Personen

Zutaten

400 g mehlig kochende Kartoffeln
700 ml Gemüsebrühe (Instant)
1 Bund Bärlauch
4 EL Olivenöl
2 EL Zitronensaft
Salz
Pfeffer
150 ml Milch (1,5 % Fettgehalt)
Muskatnuss, frisch gerieben

- Die Kartoffeln schälen und grob würfeln. Mit der Gemüsebrühe in einen Topf geben, aufkochen und 15 Minuten zugedeckt bei mittlerer Hitze kochen lassen, bis die Kartoffeln ganz weich sind.

- Inzwischen den Bärlauch waschen, verlesen, die groben Stiele entfernen und die Blätter klein schneiden. Bärlauch, Olivenöl und Zitronensaft im Mixer (oder in einem hohen Aufschlaggefäß mit dem Pürierstab) fein pürieren, mit Salz und Pfeffer würzen.

- Die Milch erhitzen und aufschäumen. Die Kartoffeln in der Suppe mit dem Kartoffelstampfer (nicht mit dem Pürierstab) ganz fein zerdrücken, die Bärlauchpaste unterrühren. Die Suppe noch einmal aufkochen lassen und mit Salz und Pfeffer abschmecken. Dann in vier Suppentassen oder -schalen füllen, mit einem Milchschaumhäubchen bekrönen und jeweils eine Prise Muskatnuss darüberreiben.

Variante: Außerhalb der kurzen Bärlauchsaison zu Beginn des Frühlings können Sie die Suppe auch mit einem großen Bund Rucola und einer Knoblauchzehe zubereiten. Da Rucola beim Erhitzen allerdings unangenehm bitter werden kann, die Paste erst unmittelbar vor dem Servieren unterrühren und die Suppe dann nicht mehr aufkochen.

Deftige Kartoffelsuppe

Zubereitung: 25 Minuten
Für 4 Personen

Zutaten

400 g mehlig kochende Kartoffeln
800 ml Fleischbrühe | 1 Bund Suppengrün
50 g gewürfelter durchwachsener Speck
1 EL neutrales Pflanzenöl | Salz | Pfeffer
Muskatnuss, frisch gerieben

▌Die Kartoffeln schälen, würfeln und in einem Topf in der Brühe in 15 Minuten weich kochen. Das Suppengrün putzen, waschen und klein würfeln. Mit dem Speck 3–4 Minuten im Öl anbraten. Die Kartoffeln mit dem Kartoffelstampfer zerdrücken, die Speckmischung unterrühren und mit Salz, Pfeffer und Muskatnuss abschmecken.

Curry-Kartoffelsuppe

Zubereitung: 25 Minuten
Für 4 Personen

Zutaten

400 g mehlig kochende Kartoffeln | 1 Zwiebel
1 Stück frischer Ingwer (etwa 3 cm)
1 säuerlicher Apfel | 1 EL Currypulver
1 EL Butterschmalz | 800 ml Gemüsebrühe
Salz | Cayennepfeffer

▌Die Kartoffeln schälen und würfeln. Zwiebel und Ingwer schälen und hacken. Den Apfel schälen und ohne Kerngehäuse würfeln. Zwiebel, Ingwer und Currypulver im Butterschmalz anbraten. Kartoffeln, Apfel und Brühe dazugeben und 15 Minuten kochen lassen. Mit dem Kartoffelstampfer zerdrücken, mit Salz und Cayennepfeffer würzen.

Kartoffel-Pilz-Suppe

Zubereitung: 25 Minuten
Für 4 Personen

Zutaten

400 g mehlig kochende Kartoffeln | 3 Zweige frischer Thymian | 700 ml Gemüsebrühe
100 g Sahne | 250 g Steinpilze
1 EL Butterschmalz | Salz | Pfeffer
2 EL gehackte Petersilie

▌Die Kartoffeln schälen und würfeln, den Thymian waschen. Beides mit der Brühe und Sahne 15 Minuten kochen lassen, Thymian entfernen. Die Pilze putzen und in Scheiben schneiden. Im Butterschmalz braten; salzen und pfeffern. Die Suppe mit dem Kartoffelstampfer herstellen, die Pilze unterrühren und die Petersilie aufstreuen.

Kartoffel-Linsen-Suppe

Zubereitung: 25 Minuten
Für 4 Personen

Zutaten

400 g mehlig kochende Kartoffeln
600 ml kräftige Gemüsebrühe | 200 g Sahne
1 Bund Suppengrün | 60 g rote Linsen
1 EL neutrales Pflanzenöl | Salz | Chilipulver

▌Die Kartoffeln schälen, würfeln und in Brühe und Sahne 15 Minuten kochen, bis sie weich sind. Das Suppengrün putzen, waschen und fein würfeln. Mit den Linsen 2 Minuten im Öl anbraten, mit 150 Milliliter Wasser ablöschen, etwa 10 Minuten garen und mit Salz und Chilipulver würzen. Die Kartoffeln mit dem Kartoffelstampfer zerdrücken, die Suppe in vier Schalen schöpfen und mit der Linsenmischung garnieren.

Deftige Kartoffelsuppe
Mit Gemüse und Speck wird die Suppe zur herzhaften, sättigenden Mahlzeit.

Kartoffel-Pilz-Suppe
Edle Steinpilze bereichern im Herbst die klassische Kartoffelcremesuppe.

Curry-Kartoffelsuppe
Apfel, Ingwer und Currypulver verwandeln die Suppe in eine feine Vorspeise für Gäste.

Kartoffel-Linsen-Suppe
Rote Linsen bilden das farbenfrohe Topping für die sahnige Kartoffelcremesuppe.

Selleriecremesuppe mit Apfel-Leber-Spießchen

Die Spießchen machen ein wenig Arbeit, aber das Ergebnis lohnt den Aufwand, versprochen!

Zubereitung: 40 Minuten
Für 10 Gläser à 120 ml

Zutaten

Für die Suppe
1 kleine Sellerieknolle
(800 g; geputzt etwa 600 g)
1 Zwiebel
1 EL Butter
800 ml Gemüsebrühe (Instant)
200 ml Milch
Salz | Pfeffer
Muskatnuss, frisch gerieben

Für die Spießchen
200 g Kalbsleber
(ersatzweise Entenbrustfilet ohne Haut)
1 großer säuerlicher Apfel
2 EL Zitronensaft
Salz | Pfeffer
1 EL Butterschmalz
10 Holzspieße (12 cm)

- Den Sellerie schälen und in Würfel schneiden. Die Zwiebel schälen und fein würfeln. Die Butter in einem Topf aufschäumen, Zwiebel und Sellerie darin 1 Minute anschwitzen. Mit Gemüsebrühe und Milch ablöschen, aufkochen und 15 Minuten zugedeckt bei mittlerer Hitze kochen lassen.

- Inzwischen die Leber kalt abwaschen, abtrocknen und in 30 Würfel schneiden. Den Apfel schälen, vom Kerngehäuse befreien, in 20 Würfel schneiden und diese im Zitronensaft wenden. Jeweils Leber- und Apfelwürfel im Wechsel auf die Spieße stecken. Das Butterschmalz in einer Pfanne erhitzen und die Spieße darin 2–3 Minuten von allen Seiten braten.

- Die Suppe mit dem Pürierstab fein pürieren. Mit Salz, Pfeffer und Muskatnuss abschmecken und in zehn Gläschen füllen (siehe Serviertipp). Die Leber-Apfel Spießchen mit Salz und Pfeffer würzen und kurz auf Küchenpapier entfetten. Auf jedes Gläschen einen Spieß legen und die Süppchen mit passenden Löffeln servieren.

Serviertipp: Um die Suppe kleckerfrei in die Gläschen zu füllen, geben Sie sie vorher in ein Gefäß mit Ausgießer, beispielsweise einen Messbecher – schnell arbeiten, damit sie dabei nicht kalt wird!

Süßkartoffelcremesuppe mit Dattel-Ingwer-Gremolata

Das Topping verleiht der Cremesuppe einen orientalischen Touch.

Zubereitung: 40 Minuten
Für 4 Personen

Zutaten

400 g Süßkartoffeln
1 Zwiebel | 1 Stück frischer Ingwer (etwa 2 cm)
1 EL Butterschmalz
500 ml Gemüsebrühe (Instant)
200 ml Apfelsaft
4 Datteln
20 g kandierter Ingwer
2 Stängel frische Minze
1 EL Mandelstifte
Salz | Cayennepfeffer

■ Die Süßkartoffeln schälen und würfeln. Die Zwiebel und den frischen Ingwer schälen und fein hacken. Das Butterschmalz in einem Topf erhitzen. Zwiebel und Ingwer darin 2 Minuten unter Rühren anbraten. Die Süßkartoffeln dazugeben, mit Brühe und Apfelsaft ablöschen, aufkochen und 20 Minuten zugedeckt bei mittlerer Hitze kochen lassen.

■ Inzwischen die Datteln vom Stein befreien und fein würfeln. Den kandierten Ingwer fein hacken. Die Minze waschen und trocken schütteln, die Blätter fein schneiden. Alles, zusammen mit den Mandelstiften, mit einem Messer durchhacken.

■ Die Süßkartoffelsuppe mit dem Pürierstab fein pürieren und mit Salz und Cayennepfeffer abschmecken. In vier Teller schöpfen und mittig auf jede Portion etwas von der Dattel-Ingwer-Gremolata aufstreuen.

Topinamburcremesuppe mit Bacon und Topinambur-Chips

Die knusprigen Beigaben sind Hingucker und Gaumenschmaus zugleich.

Zubereitung: 40 Minuten
Für 4 Personen
(siehe Bild)

Zutaten

600 g Topinambur
1 Bund Frühlingszwiebeln
1–2 Knoblauchzehen
1 EL Butterschmalz
750 ml Gemüsebrühe
neutrales Pflanzenöl für die Chips
8 Scheiben Frühstücksspeck (Bacon; etwa 60 g)
150 g Crème fraîche
Salz | Pfeffer

■ Eine Topinamburknolle beiseitelegen, den Rest schälen und klein schneiden. Die Frühlingszwiebeln putzen und waschen. Die weißen und grünen Teile separat in feine Ringe schneiden. Den Knoblauch schälen und fein hacken. Das Butterschmalz in einem Topf erhitzen. Weiße Zwiebelringe, Knoblauch und Topinambur darin 2–3 Minuten unter Rühren anbraten. Mit der Brühe ablöschen, aufkochen und 15 Minuten zugedeckt bei mittlerer Hitze kochen lassen.

■ Die übrige Topinamburknolle schälen und in dünne Scheiben hobeln. In einer Pfanne einen Zentimeter hoch Öl erhitzen und die Scheiben darin in 1–2 Minuten ausbacken. Zum Abtropfen auf Küchenpapier geben. Den Speck in eine kalte Pfanne legen, erhitzen und von beiden Seiten knusprig braten; auf Küchenpapier entfetten.

■ Die Crème fraîche zur Suppe geben, diese fein pürieren, salzen und pfeffern. Das Frühlingszwiebelgrün unterrühren. In Schalen mit Topinambur-Chips und Speck garniert servieren.

Steckrüben-Minestrone

Mit Steckrüben wird der italienische Klassiker zur deftigen Mahlzeit.

Zubereitung: 45 Minuten
Für 4 Personen
(siehe Bild)

Zutaten

350 g Steckrüben
2 Karotten
1 Zwiebel
2 EL Olivenöl
1 EL Tomatenmark
800 ml Gemüsebrühe (Instant)
2 kleine Zucchini (etwa 200 g)
1–2 Knoblauchzehen
1 Stück Parmesan (etwa 40 g)
Salz | Pfeffer

- Die Steckrüben schälen und in ein Zentimeter große Würfel schneiden. Die Karotten schälen und schräg in Scheiben schneiden. Die Zwiebel schälen und grob hacken.

- Das Öl in einem Topf erhitzen. Die Zwiebel und das Tomatenmark darin 1 Minute unter Rühren anbraten. Steckrüben und Karotten hinzufügen und 2 Minuten braten. Mit der Brühe ablöschen, aufkochen und 10 Minuten zugedeckt bei mittlerer Hitze kochen lassen.

- Inzwischen die Zucchini waschen, längs halbieren und in Halbmonde schneiden. Den Knoblauch schälen und fein hacken. Beides zur Suppe geben und diese weitere 10 Minuten kochen lassen.

- Den Parmesan in Späne hobeln. Die Minestrone mit Salz und Pfeffer abschmecken und auf Suppenschalen verteilen. Mit Parmesan bestreut servieren.

Rote-Bete-Suppe mit Meerrettich

Mit selbst gekochter, würziger Rinderbrühe schmeckt diese klare Rote-Bete-Suppe einfach umwerfend.

Zubereitung: 2 Stunden
Für 4 Personen

Zutaten

500 g Suppenknochen vom Rind
1 Bund Suppengrün (Karotte, Sellerie, Lauch, Petersilienwurzel)
1 TL schwarze Pfefferkörner
½ TL Pimentkörner
½ Zimtstange
1 Lorbeerblatt
600 g Suppenfleisch (beispielsweise aus der Wade)
250 g gegarte Rote Bete (vakuumverpackt)
1 Stück frischer Meerrettich

- Die Knochen kalt abwaschen und mit 1,2 Liter Wasser in einen Suppentopf geben. Das Suppengrün putzen, waschen bzw. schälen, grob würfeln und dazugeben. Pfeffer- und Pimentkörner, Zimt und Lorbeerblatt dazugeben und aufkochen lassen. Das Suppenfleisch kalt abwaschen und einlegen. Die Brühe 1 Stunde 30 Minuten bei schwächster Hitze halb zugedeckt sieden lassen, bis das Fleisch weich ist.

- Die Roten Beten (mit Einmal-Handschuhen) in mundgerechte Streifen schneiden und in einen Topf geben. Das Fleisch aus der Brühe heben. Die Brühe durch ein feines Sieb zu der Roten Bete gießen (Knochen, Gemüse und Gewürze wegwerfen). Die Suppe noch einmal 3 Minuten erhitzen und mit Salz abschmecken.

- Das Fleisch klein würfeln und auf vier Suppenteller verteilen. Die heiße Rote-Bete-Suppe darüberschöpfen und den Meerrettich fein darüberraspeln.

Kokossuppe mit Knollenziest

Die aromatischen Knöllchen bereichern hier eine vegetarische Thai-Suppe.

Zubereitung: 25 Minuten
Für 4 Personen

Zutaten

150 g Knollenziest
2 Stängel Zitronengras
1 Stück frischer Galgant (etwa 5 cm)
4 Kaffirlimettenblätter
1 Dose Kokosmilch (400 ml)
8–10 Kirschtomaten
4 kleine grüne Chilischoten
2–3 EL Fischsauce
3 EL Limettensaft
3–4 Stängel Koriandergrün

▮ Den Knollenziest gründlich waschen, putzen und längs halbieren. Das Zitronengras von den äußeren harten Blättern befreien und das untere weiche Drittel schräg in feine Scheiben schneiden. Den Galgant waschen und in feine Scheiben schneiden. Die Limettenblätter waschen und die Blattränder mehrfach einreißen.

▮ Die Kokosmilch und 400 Milliliter Wasser in einem Topf aufkochen lassen. Zitronengras, Galgant, Limettenblätter und Knollenziest hinzufügen und 8 Minuten bei mittlerer Hitze offen köcheln lassen.

▮ Inzwischen die Kirschtomaten waschen und halbieren. Die Chilischoten waschen und flach klopfen. Beides hinzufügen, die Suppe mit Fischsauce und Limettensaft würzen und 2 Minuten bei schwacher Hitze ziehen lassen. Das Koriandergrün waschen, trocken schütteln und die Blättchen abzupfen. Die Kokossuppe in vier Schalen schöpfen und mit den Korianderblättchen bestreut servieren.

Asia-Suppe mit Rettich und Garnelen

Das klare Süppchen ist ein leichter Genuss für alle Meeresfrüchte-Fans.

Zubereitung: 20 Minuten
Für 4 Personen
(siehe Bild)

Zutaten

250 g geschälte rohe Riesengarnelen
200 g weißer Rettich
2–3 kleine rote Chilischoten
1 Knoblauchzehe
800 ml Gemüsebrühe
3–4 EL helle Sojasauce
1 kleines Bund Schnittknoblauch (aus dem Asienladen)
1–2 TL Zitronensaft

▮ Die Garnelen am Rücken einritzen und den schwarzen Darmfaden entfernen. Die Garnelen kalt abwaschen und trocken tupfen. Den Rettich schälen, längs vierteln und in mundgerechte dünne Scheiben schneiden.

▮ Die Chilischoten waschen und flach klopfen. Den Knoblauch schälen und halbieren. Die Gemüsebrühe mit drei Esslöffeln Sojasauce, den Chilischoten und dem Knoblauch erhitzen und 3 Minuten köcheln lassen. Den Rettich dazugeben und 3 Minuten bei schwacher Hitze kochen lassen. Die Garnelen einlegen und in weiteren 3 Minuten gar ziehen lassen.

▮ Den Schnittknoblauch waschen, trocken schütteln und klein schneiden. Die Suppe mit übriger Sojasauce und Zitronensaft abschmecken. Auf vier Suppenschalen verteilen und mit Schnittknoblauch bestreut servieren.

Einkaufstipp: Wenn Sie keinen Schnittknoblauch bekommen, können Sie ihn durch herkömmlichen Schnittlauch ersetzen.

Baskischer Kartoffel-Thunfisch-Topf

Das Rezept stammt von der kantabrischen Küste, wo der Thunfisch aus dem Atlantik angelandet wird.

Zubereitung: 50 Minuten
Für 4 Personen

Zutaten

2 Zwiebeln
3 Knoblauchzehen
je 1 rote und gelbe Paprikaschote
800 g vorwiegend festkochende Kartoffeln
4 EL Olivenöl
Salz
250 ml trockener Weißwein
400 ml Fischfond (aus dem Glas)
1 Lorbeerblatt
600 g Thunfischfilet
2 Scheiben altbackenes Weißbrot (etwa 60 g)
2 geröstete rote Paprikaschoten in Öl, abgetropft
Cayennepfeffer

- Die Zwiebeln und zwei Knoblauchzehen schälen und fein hacken. Die rote und gelbe Paprikaschote putzen, waschen und in mundgerechte Stücke schneiden. Die Kartoffeln schälen und mittelgroß würfeln.

- Das Öl in einem Topf erhitzen. Zwiebeln, gehackten Knoblauch und Paprikastücke darin 3–4 Minuten bei mittlerer Hitze anbraten. Die Kartoffeln hinzufügen, salzen und alles weitere 3–4 Minuten unter Rühren braten. Mit Weißwein und Fischfond ablöschen und das Lorbeerblatt hinzufügen. Die Suppe aufkochen und 8 Minuten zugedeckt kochen lassen.

- Den Thunfisch kalt abwaschen, trocken tupfen und in zwei Zentimeter große Würfel schneiden. Den übrigen Knoblauch schälen. Das Brot entrinden und in Stücke zupfen. Knoblauch, Brot, abgetropfte Paprikaschoten und je eine kräftige Prise Salz und Cayennepfeffer im Blitzhacker zu einer feinen Paste verarbeiten.

- Die Paprikapaste in die Suppe geben und unterrühren. Den Thunfisch hinzufügen und zugedeckt in 10 Minuten bei schwacher Hitze gar ziehen lassen. Den Eintopf vor dem Servieren mit Salz und Cayennepfeffer abschmecken.

Kartoffelgulasch mit Pfifferlingen

Eine österreichische Spezialität mit dem Zeug zum Lieblingsgericht.

Zubereitung: 30 Minuten
Für 4 Personen
(siehe Bild)

Zutaten

2 Zwiebeln | 2 Knoblauchzehen
3 EL Butterschmalz
1 EL edelsüßes Paprikapulver
3 EL Tomatenmark
½ l Gemüsebrühe (Instant)
800 g festkochende Kartoffeln
Salz | Pfeffer
1 TL getrockneter Majoran
500 g Pfifferlinge
2 EL gehackte Petersilie

▮ Die Zwiebeln und den Knoblauch schälen und fein hacken. Beides in einem Schmortopf in zwei Esslöffeln Butterschmalz 2 Minuten bei mittlerer Hitze anbraten. Paprikapulver und Tomatenmark dazugeben und kurz mitbraten. Mit der Gemüsebrühe ablöschen und aufkochen lassen.

▮ Inzwischen die Kartoffeln schälen, in zwei Zentimeter große Würfel schneiden und dazugeben. Mit Salz, Pfeffer und dem Majoran würzen und zugedeckt bei mittlerer Hitze 10 Minuten garen.

▮ Inzwischen die Pfifferlinge putzen und trocken abreiben, große halbieren oder vierteln, kleine ganz lassen. Das übrige Butterschmalz in einer Pfanne erhitzen, die Pilze darin bei starker Hitze 2 Minuten braten, salzen und pfeffern. Pfifferlinge und gehackte Petersilie unter das Kartoffelgulasch rühren und 2–3 Minuten mitgaren, mit Salz und Pfeffer abschmecken.

Pichelsteiner Topf

Kartoffeln, Wurzeln und Fleisch verbinden sich zu einem leichten Eintopf für Kalorienbewusste.

Zubereitung: 1 Stunde
Für 6 Personen

Zutaten

4 große Karotten
2–3 Petersilienwurzeln
2–3 Stangen Lauch
1 kg mehlig kochende Kartoffeln
1 kg gemischtes Gulasch (Schwein, Kalb und Rind)
1 EL neutrales Pflanzenöl
Salz | Pfeffer
Muskatnuss, frisch gerieben
375 ml Gemüsebrühe (Instant)
1 Bund Petersilie

▮ Die Karotten und Petersilienwurzeln schälen und in Scheiben schneiden. Den Lauch putzen, gründlich waschen und in dicke Ringe schneiden. Die Kartoffeln schälen und in Scheiben schneiden. Das Fleisch trocken tupfen, die Würfel eventuell kleiner schneiden.

▮ Einen schweren gusseisernen Topf mit dem Öl ausreiben. Kartoffeln, Gemüse und Fleisch lagenweise in den Topf schichten, dabei jede Lage mit Salz, Pfeffer und Muskatnuss würzen. Die Gemüsebrühe darübergießen. Den Eintopf zugedeckt bei mittlerer Hitze 30 Minuten garen, dabei den Topf nicht öffnen, damit kein Dampf entweichen kann.

▮ Die Petersilie waschen und trocken schütteln, die Blätter fein schneiden. Den Pichelsteiner Topf auf sechs tiefe Teller verteilen und mit der Petersilie bestreut servieren. Dazu schmeckt Bauernbrot.

Lammtopf mit Kartoffeln und grünen Bohnen

Knollen- und Wurzelgemüse verleihen der Brühe ein natürliches, kräftiges Aroma.

Zubereitung: 1 Stunde 20 Minuten
Für 4 Personen

Zutaten

800 g Lammfleisch (aus der Keule)
1 Bund Suppengrün (Karotte, Knollensellerie, Petersilienwurzel und Lauch)
1 TL Pfefferkörner
1 Bund Bohnenkraut
500 g grüne Bohnen
500 g festkochende Kartoffeln
2 Zwiebeln
2 Knoblauchzehen
2 EL neutrales Pflanzenöl
Salz
1 Bund Petersilie

- Das Fleisch kalt abwaschen, in einen Suppentopf geben und so viel Wasser angießen, dass es gut bedeckt ist. Das Suppengrün putzen, waschen und grob würfeln. Mit den Pfefferkörnern zum Fleisch geben. Das Bohnenkraut waschen und dazulegen. Alles einmal aufkochen lassen und den grauen Schaum abschöpfen. Dann die Brühe bei schwacher Hitze halb zugedeckt 1 Stunde köcheln lassen, bis das Fleisch weich ist.

- Zum Ende der Garzeit die Bohnen putzen, waschen und in vier Zentimeter lange Stücke schneiden. Die Kartoffeln schälen und in zwei Zentimeter große Würfel schneiden. Die Zwiebeln und den Knoblauch schälen und grob hacken.

- Das Öl in einem Schmortopf erhitzen, Zwiebeln und Knoblauch darin anbraten. Das Fleisch aus der Brühe heben, die Brühe durch ein feines Sieb in den Schmortopf gießen (Gemüse und Bohnenkraut wegwerfen). Die Bohnen und Kartoffeln hinzufügen, salzen und etwa 10 Minuten bei mittlerer Hitze garen.

- Das Fleisch in zwei Zentimeter große Würfel schneiden, in den Topf geben und einige Minuten erhitzen. Vor dem Servieren die Petersilie waschen und trocken schütteln, die Blätter fein schneiden und unter den Eintopf rühren.

Kartoffel-Blumenkohl-Curry

Das indisch inspirierte Gericht bringt Abwechslung in die vegetarische Küche.

Zubereitung: 50 Minuten
Für 4 Personen

Zutaten

2 Strauchtomaten
1 kleiner Kopf Blumenkohl (etwa 600 g)
1 große Zwiebel
1 Knoblauchzehe
1 Stück frischer Ingwer (etwa 3 cm)
500 g vorwiegend festkochende Kartoffeln
1 EL Butterschmalz
1 TL gemahlener Koriander
1 TL Kurkuma
½ TL Chilipulver
Salz
400 ml Gemüsebrühe
200 g Sahne
½ Bund Petersilie

- Die Tomaten überbrühen, enthäuten, die Samen entfernen und das Fruchtfleisch klein würfeln. Den Blumenkohl in kleine Röschen teilen, waschen und in einem Sieb abtropfen lassen. Den Stiel schälen und klein würfeln. Zwiebel, Knoblauch und Ingwer schälen und fein hacken.

- Die Kartoffeln schälen und in zwei Zentimeter große Würfel schneiden. Das Butterschmalz in einem Topf erhitzen, Zwiebel, Knoblauch und Ingwer darin 3 Minuten bei mittlerer Hitze unter Rühren anbraten. Koriander, Kurkuma, Chilipulver und Tomaten dazugeben und 1 Minute mitbraten. Die Kartoffeln und den Blumenkohl hinzufügen, mit einem halben Teelöffel Salz würzen und die Gemüsebrühe und die Sahne angießen. Aufkochen und 10–12 Minuten zugedeckt garen, bis Blumenkohl und Kartoffeln weich sind, aber noch nicht zerfallen.

- Die Petersilie waschen und trocken schütteln, die Blätter fein schneiden. Das Curry mit Salz abschmecken und die Petersilie unterziehen.

Variante: Wer mag, rührt 5 Minuten vor dem Ende der Garzeit noch 150 Gramm angetaute tiefgekühlte Erbsen unter und lässt sie mitgaren.

Steckrüben-Fisch-Curry

Die Steckrüben verbinden sich wunderbar mit den Aromen der thailändischen Curryzutaten.

Zubereitung: 40 Minuten
Für 4 Personen

Zutaten

400 g Fischfilet (Kabeljau oder Seelachs)
3 EL Fischsauce
500 g Steckrüben (geputzt 400 g)
1 große rote Chilischote
1 Dose Kokosmilch (400 ml; Dose nicht schütteln)
2 EL gelbe Currypaste (aus dem Asienladen)
1 TL Zucker
5 Kaffirlimettenblätter
1–2 EL Limettensaft

- Das Fischfilet kalt abwaschen, abtrocknen und in zwei Zentimeter große Würfel schneiden. Mit zwei Esslöffeln Fischsauce beträufeln und beiseitestellen.

- Die Steckrüben schälen und in ein Zentimeter große Würfel schneiden. Die Chilischote waschen, längs aufschneiden, die Kerne und weißen Häutchen entfernen und die Hälften in feine Streifen schneiden.

- Von der Kokossahne – dem dicken Teil, der sich in der ungeschüttelten Kokosmilchdose oben absetzt – vier Esslöffel abnehmen und in den Wok (oder eine Schmorpfanne) geben. Bei mittlerer Hitze erwärmen, bis die Kokossahne sprudelnd kocht. Die Currypaste sorgfältig unterrühren und bei mittlerer Hitze etwa 2 Minuten ohne Rühren braten, bis sich an der Oberfläche kleine Löcher bilden, aus denen gelbes Öl austritt.

- Die Steckrüben, die übrige Kokosmilch und den Zucker dazugeben. Die Limettenblätter waschen, die Ränder mehrfach einreißen und hinzufügen. Das Curry aufkochen und bei mittlerer Hitze etwa 10 Minuten kochen lassen, bis die Steckrüben fast gar sind.

- Die Fischwürfel und die Chilistreifen unterrühren und das Curry weitere 3 Minuten bei schwacher Hitze köcheln lassen. Mit Limettensaft und der restlichen Fischsauce abschmecken. Dazu schmeckt Basmatireis oder thailändischer Duftreis.

Süßkartoffel-Hähnchen-Curry

Ingwer und Zimt runden das Aroma dieses milden Currys ab.

Zubereitung: 1 Stunde
Für 4 Personen

Zutaten

500 g Süßkartoffeln
500 g Hähnchenbrustfilet
1 große grüne Chilischote
2 Zwiebeln
2 Knoblauchzehen
1 Stück frischer Ingwer (etwa 3 cm)
2 EL Butterschmalz
2 EL mildes Currypulver
Salz
1 Dose gehackte Tomaten (425 g)
500 g Vollmilchjoghurt
250 ml Gemüsebrühe (Instant)
1 Zimtstange
1 Bund Koriandergrün

- Die Süßkartoffeln schälen und in ein Zentimeter große Würfel schneiden. Das Hähnchenfleisch kalt abwaschen, trocken tupfen und in zwei Zentimeter große Würfel schneiden.

- Die Chilischote längs aufschneiden, von den Samen befreien, waschen und klein schneiden. Zwiebeln, Knoblauch und Ingwer schälen, grob hacken und mit dem Chili im Blitzhacker fein zerkleinern.

- Das Butterschmalz in einem Schmortopf erhitzen. Die Zwiebelmischung darin 5 Minuten bei mittlerer Hitze anbraten. Hähnchenfleisch und Currypulver dazugeben und 3 Minuten unter Rühren anbraten. Die Süßkartoffeln hinzufügen, salzen und 2 Minuten mitbraten.

- Die Tomatenstücke, den Joghurt, die Gemüsebrühe und die Zimtstange unterrühren und alles zugedeckt etwa 20 Minuten bei mittlerer Hitze schmoren lassen, bis die Süßkartoffeln weich sind.

- Das Koriandergrün waschen und trocken schütteln, die Blätter fein schneiden. Das Curry mit Salz abschmecken und die gehackten Korianderblätter unterziehen.

Vegetarische Variante: Statt des Hähnchenbrustfilets 500 Gramm Brokkoli waschen und in kleine Röschen teilen, den Stiel schälen und klein würfeln. Das Gemüse nach 10 Minuten Garzeit zum Curry geben und 10 Minuten mitschmoren lassen.

Aus Pfanne & Backofen

In diesem Kapitel stellt die Kartoffel weiter ihr *Allroundtalent* unter Beweis: Ob gebraten, in der Folie gegart oder auf dem Blech im Ofen zubereitet, ob als raffinierte Hülle für saftigen Fisch oder als knusprige Haube für feine Braten – *Kartoffelfans werden schwelgen*. Doch damit nicht genug: Im Duett mit Topinambur, Schwarzwurzeln, Steckrüben, schwarzen Rettichen und allerlei würzenden Zutaten werden aus ihr *unwiderstehliche Gratins* und Aufläufe.

Damit Gratins schön saftig und goldbraun werden, gießen Sie die Sahnemischung vor dem Backen gleichmäßig über die Kartoffelscheiben.

Knusprig und saftig

Ob **schnell in der Pfanne** oder langsam im Ofen gegart – Kartoffeln und Knollen haben einen festen Platz auf dem Speiseplan. Doch sie sind nicht nur **Alltagskost**, sondern eignen sich auch zum **Verwöhnen von Gästen**, wie die folgenden Seiten zeigen.

Neben festkochenden und mehlig kochenden Kartoffeln kommt in diesem Kapitel auch regelmäßig der Allrounder, die vorwiegend festkochende Kartoffel, zum Einsatz, die die Vorzüge beider vereint. Sie enthält etwas mehr Stärke als erstere, bewahrt beim Kochen aber ihre Struktur und zerfällt nicht ganz. Für Pellkartoffeln, Bratkartoffeln, Kartoffelspalten vom Blech und Salzkartoffeln aller Art (eine Auswahl finden Sie auf Seite 125) ist sie deshalb eine gute Wahl.

Perfekte Bratkartoffeln

Goldbraun, knusprig und unglaublich gut – für Bratkartoffeln lässt so mancher den schönsten Braten links liegen. Ideal für Bratkartoffeln sind vorwiegend festkochende Pellkartoffeln vom Vortag. Falls Sie die Kartoffeln für ein Gericht wie das Tiroler Gröstl von Seite 78 frisch kochen, so lassen Sie sie zumindest vor der Weiterverarbeitung vollständig abkühlen.

Die gepellten Kartoffeln schneiden Sie in etwa drei Millimeter dicke Scheiben. Und nun brauchen Sie eine, für mehrere Esser besser zwei Pfannen, in denen Sie jeweils ein bis zwei Esslöffel Butterschmalz oder neutrales Pflanzenöl auf mittlerer Stufe erwärmen. Legen Sie dann die Kartoffelscheiben so nebeneinander ein, dass möglichst alle Pfannenkontakt haben, und braten Sie sie 4–5 Minuten, bis sie braune Rändchen bekommen. Dann wenden Sie die Scheiben und braten sie in weiteren 4–5 Minuten fertig. Zwiebeln, falls verwendet, fügen Sie erst nach dem Wenden hinzu. Kommen sie von Anfang an mit in die Pfanne, so sind sie verbrannt, bevor die Kartoffeln rundherum braun und knusprig sind. Vor dem Servieren nur noch salzen, und voilà – Bratkartoffeln, wie sie sein sollen!

Vom Blech

Süßkartoffeln, Pastinaken, Karotten, Petersilienwurzeln und Rote Bete – sie alle eignen sich bestens für die Zubereitung auf dem Backofenblech (siehe beispielsweise die Rezepte auf Seite 84 und 110). Ganz zu schweigen von Kartoffeln! Sie können ganze, in Alufolie gewickelte Kartoffeln im Backofen garen. Oder die Kartoffeln vorgaren, halbieren, aushöhlen und füllen und dann im Ofen goldbraun überkrusten (siehe Seite 88). Oder kleine neue Kartoffeln halbiert und in Sesam oder Kümmel getaucht auf dem Blech backen und mit einem Dip servieren. Oder – das Rezept finden Sie auf Seite 120 – in Spalten schneiden, mediterran oder orientalisch würzen und auf dem Blech knusprig backen. Sie sehen, auf dem Blech im Backofen lassen sich jede Menge köstlicher Kartoffel- und Knollengerichte zubereiten.

Goldbraun gebacken

Ob als Hauptgericht oder als Beilage zu Fisch oder Fleisch – sahnig-cremige Kartoffelgratins mit goldfarbener Kruste sind bei jedermann beliebt. Damit die Kartoffelscheiben sich gut mit der Sahnemischung vollsaugen, nehmen Sie dafür am besten eine mehlig kochende Kartoffelsorte. Neue Kartoffeln sind nicht geeignet, weil sie noch zu wenig Stärke enthalten und sich nicht so gut mit der Sahne verbinden.

Ich schneide die geschälten Kartoffeln für Gratins gerne mit der Hand in Scheiben. Auf dem Gemüsehobel erzielen Sie absolut gleichmäßig dünne Scheiben, die beim Einschichten in die Form zusammenkleben. Per Hand geschnittene Kartoffelscheiben sind alle ein wenig unterschiedlich, so kann die Sahnemischung gut in die Zwischenräume gelangen und das Gratin wird schön saftig und cremig. Und auch wenn es ein wenig Mühe macht: Schichten Sie die Kartoffelscheiben immer, von außen beginnend, dachziegelartig überlappend in die Form und würzen Sie jede Lage kräftig mit Salz, Pfeffer und frisch geriebener Muskatnuss. Zum Schluss übergießen Sie alles mit Sahne oder, wie ich es bevorzuge, mit einer Mischung aus Milch und Sahne. Das Gratin wird dadurch ebenso cremig, aber nicht ganz so mächtig und kalorienreich.

Wie Sie ab Seite 94 sehen, lassen sich Kartoffeln vielseitig kombinieren: Kartoffeln und Kohlrabi beispielsweise ergänzen sich vortrefflich, auch Zucchini, Spinat, Brokkoli oder Pilze sind passende Beigaben. Mit Fruchtigem wie Äpfeln und Birnen (siehe Seite 97) entstehen weitere Gratins, die besonders gut zu Enten- oder Wildgerichten passen.

Aus einer Form

Aus fast allen Knollen lassen sich wunderbare, höchst unterschiedliche Aufläufe und Gratins zaubern. Süßkartoffeln etwa schmecken ausgezeichnet in Kombination mit Zuckerschoten, Frühlingszwiebeln und Kokoschips (siehe Seite 99). Auf derselben Seite finden Sie ein indisch gewürztes Topinambur-Gratin – sehr zu empfehlen für Freunde exotischer Genüsse. Klassischer kommen die Schwarzwurzeln daher, die mit einer sahnigen Safrancreme überkrustet werden (siehe Seite 100). Und der mit knusprigen Parmesanstreuseln überbackene Steckrüben-Crumble (siehe Seite 102) lässt garantiert vergessen, dass es sich dabei um die häufig verschmähte Kohlrübe handelt.

Haben Sie übrigens schon mal schwarze Rettiche probiert? Man bekommt die runden Knollen mit der schwarzen Schale und dem cremefarbenen Inneren in der kalten Jahreszeit – und dann überwiegend in Bioläden. Durch seine schwefelhaltigen Senföle hat der schwarze Rettich eine positive Wirkung auf die Verdauung. Daneben wirkt er schleimlösend und entzündungshemmend und gilt daher als altes Hausmittel gegen Erkältungskrankheiten. Schwarze Rettiche sind kulinarisch vielseitig einsetzbar, schmecken grob geraspelt als Rohkost ebenso gut wie geschmort oder, wie auf Seite 104 gezeigt, als Auflauf mit Kartoffeln, würzigem Räucherspeck und reichlich Kreuzkümmel – ein ganz überraschend neues Geschmackserlebnis!

Artischocken-Kartoffel-Pfanne

Geht schnell und schmeckt vorzüglich zu einem Glas fruchtigen Weißwein.

Zubereitung: 30 Minuten
Für 2 Personen
(siehe Bild)

Zutaten

300 g vorwiegend festkochende Kartoffeln
4 EL Olivenöl
8–10 Babyartischocken
½ Zitrone
1 TL getrocknete Kräuter der Provence
Salz | Pfeffer
Zitronenspalten zum Garnieren

▮ Die Kartoffeln schälen und knapp einen Zentimeter groß würfeln. Das Öl in einer Pfanne erhitzen und die Kartoffeln darin bei mittlerer Hitze 8–10 Minuten braten, gelegentlich wenden.

▮ Inzwischen die Artischocken von äußeren harten Blättern befreien, die Spitzen mit einer Schere um ein Drittel kürzen. Den Stiel schälen, die Artischocken längs vierteln und sofort mit der Zitronenhälfte über die Schnittflächen reiben, damit sie nicht braun werden.

▮ Die Artischocken zu den Kartoffeln geben, mit Kräutern der Provence, Salz und Pfeffer würzen und alles weitere 4–5 Minuten unter gelegentlichem Wenden braten. Auf zwei Teller verteilen und mit Zitronenspalten zum Beträufeln servieren.

Kartoffeln mit Chorizo

Dieses Schmorgericht stammt aus Spaniens Norden, aus der Region Rioja.

Zubereitung: 45 Minuten
Für 4 Personen

Zutaten

2 Zwiebeln
2 Knoblauchzehen
2 rote Paprikaschoten
200 g Chorizo (spanische Paprikawurst)
750 g kleine festkochende Kartoffeln
3 EL Olivenöl
250 ml Fleischbrühe
Salz | Pfeffer
2 EL gehackte Petersilie

▮ Die Zwiebeln schälen, längs halbieren und in Spalten schneiden. Den Knoblauch schälen und fein hacken. Die Paprikaschoten putzen, waschen und in Streifen schneiden. Die Chorizo in ein Zentimeter dicke Scheiben schneiden. Die Kartoffeln schälen und längs vierteln.

▮ Das Öl in einer großen Schmorpfanne erhitzen, Zwiebeln und Knoblauch darin bei mittlerer Hitze 2 Minuten anbraten. Paprikastreifen und Chorizo dazugeben und 3 Minuten anbraten. Die Kartoffeln hinzufügen und alles weitere 3 Minuten unter gelegentlichem Wenden braten.

▮ Die Brühe angießen und alles zugedeckt 15 Minuten bei schwacher Hitze schmoren lassen. Mit Salz und Pfeffer würzen und mit der gehackten Petersilie bestreuen.

Tiroler Gröstl

Bei diesem österreichischen Klassiker kommen Bratenreste zu neuen Ehren.

Zubereitung: 45 Minuten
Für 2 Personen

Zutaten

400 g festkochende Kartoffeln
1 Zwiebel
250 g gekochtes oder gebratenes Schweine- oder Rindfleisch
2 EL neutrales Pflanzenöl oder Schweineschmalz
Salz | Pfeffer
½ TL getrockneter Majoran
2 EL Schnittlauchröllchen

- Die Kartoffeln waschen, in einem Topf mit wenig Wasser bedecken, in etwa 25 Minuten weich kochen, abgießen und abkühlen lassen.

- Inzwischen die Zwiebel schälen und grob hacken. Das Fleisch in mundgerechte, dünne Scheiben schneiden. Die Kartoffeln pellen und in Scheiben schneiden.

- Öl oder Schmalz in einer großen Pfanne erhitzen, die Kartoffeln darin 2–3 Minuten anbraten. Die Zwiebel dazugeben und unter regelmäßigem Wenden zusammen mit den Kartoffeln bei mittlerer Hitze in 4–5 Minuten goldbraun braten. Das Fleisch untermischen, mit Salz, Pfeffer und dem Majoran würzen und 3–4 Minuten braten. Mit Schnittlauch bestreut servieren.

Variante: Wer keine Bratenreste hat, schneidet 250 Gramm Schnitzelfleisch in Streifen, brät diese mit der Zwiebel 3–4 Minuten an, gibt dann die Kartoffeln hinzu und brät das Gericht in 6–8 Minuten fertig.

Kartoffel-Paprika-Pfanne

Kurkuma verleiht den Kartoffeln Farbe und Aroma.

Zubereitung: 30 Minuten
Für 2 Personen
(siehe Bild)

Zutaten

300 g vorwiegend festkochende Kartoffeln
Salz
½ TL Kurkuma
je 1 große rote und gelbe Paprikaschote
1 Zwiebel
1 Knoblauchzehe
2 EL Olivenöl
2 TL Tomatenmark
150 ml Gemüsebrühe
½ Bund Petersilie
Pfeffer

- Die Kartoffeln schälen und in zwei Zentimeter große Würfel schneiden. In einem Topf mit Wasser bedecken, eine kräftige Prise Salz und Kurkuma dazugeben und 10–12 Minuten kochen lassen.

- Inzwischen die Paprikaschoten putzen, waschen und in zwei Zentimeter große Rauten schneiden. Die Zwiebel schälen, längs halbieren und in Spalten schneiden. Den Knoblauch schälen und fein hacken.

- Das Öl in einer großen Pfanne erhitzen. Zwiebel, Knoblauch und Tomatenmark darin 1 Minute anbraten. Die Paprikastücke hinzu-fügen und 2 Minuten unter Rühren braten. Die Gemüsebrühe dazugeben und alles 5 Minuten zugedeckt bei mittlerer Hitze schmoren lassen.

- Die Petersilie waschen und trocken schütteln, die Blätter fein schneiden. Die Kartoffeln in ein Sieb abgießen, kurz abtropfen lassen und mit der Petersilie unter das Paprikagemüse mischen. Mit Salz und Pfeffer abschmecken.

Kartoffel-Chorizo-Spieße

Das Rezept sollten Sie bei der nächsten Grillparty unbedingt ausprobieren!

Zubereitung: 40 Minuten
Ergibt 8 Stück

Zutaten

24 kleine Grenailles-Kartoffeln (etwa 500 g)
250 g Chorizo (spanische Paprikawurst)
5 EL Olivenöl
1 Knoblauchzehe
1 TL abgeriebene Schale von einer Biozitrone
½ TL getrockneter Thymian
Salz | Pfeffer
12 Holzspieße (15 cm)
etwas Öl für die Spieße

▮ Die Kartoffeln waschen, in einem Topf mit Wasser bedecken und in 10 Minuten knapp gar kochen. Die Chorizo in ein Zentimeter dicke Scheiben schneiden. Drei Esslöffel Olivenöl in ein Schälchen geben. Den Knoblauch schälen und dazupressen, Zitronenschale und Thymian unterrühren.

▮ Die Kartoffeln abgießen, ausdampfen lassen und mit Schale halbieren. Die Holzspieße einölen und abwechselnd Kartoffelhälften und Wurstscheiben aufspießen.

▮ Das übrige Öl in einer Pfanne erhitzen, die Spieße darin 4–5 Minuten von allen Seiten braten, dabei gelegentlich mit dem Würzöl bestreichen. Vor dem Servieren Salz und Pfeffer darüberstreuen.

Vegetarische Variante: Statt der Chorizo eine kleine Zucchini in einen halben Zentimeter dicke Scheiben schneiden und 16 kleine Champignons putzen und trocken abreiben. Im Wechsel mit den Kartoffelhälften auf die Spieße stecken, nach Belieben mit etwas Paprika- oder Chilipulver bestreuen, und wie beschrieben braten.

Sellerieschnitzel in Parmesan-Kräuter-Kruste

Dazu servieren Sie eine leichte Remouladensauce – köstlich!

Zubereitung: 50 Minuten
Für 4 Personen

Zutaten

Für die Sellerieschnitzel
500 g Knollensellerie
Salz
1 EL Zitronensaft
3 EL Mehl
1 Ei
120 g Semmelbrösel
50 g Parmesan, frisch gerieben
1 EL gehackte Thymianblättchen
neutrales Pflanzenöl zum Ausbacken

Für die Remoulade
1 hart gekochtes Ei
1 Gewürzgurke
1 EL Kapern (aus dem Glas)
75 g Salatmayonnaise (23 % Fett)
75 g Joghurt
1 TL mittelscharfer Senf
1 EL Schnittlauchröllchen
Salz | Pfeffer

- Den Sellerie in vier knapp einen Zentimeter dicke Scheiben schneiden und diese halbieren. Salzwasser mit dem Zitronensaft aufkochen, die Sellleriescheiben hineingeben und 4 Minuten vorgaren, herausheben und auf Küchenpapier abtropfen lassen.

- Das Mehl auf einen Teller geben. Das Ei mit einem Esslöffel kaltem Wasser in einem tiefen Teller verquirlen. Semmelbrösel, Parmesan und Thymian auf einem dritten Teller mischen. Die Selleriescheiben leicht bemehlen, durch das Ei ziehen und in der Bröselmischung wenden.

- In zwei Pfannen jeweils einen halben Zentimeter hoch Öl erhitzen und die Sellerieschnitzel darin von jeder Seite 4–5 Minuten braten.

- Inzwischen das Ei für die Remoulade pellen und fein hacken. Gewürzgurke und Kapern abtropfen lassen und fein hacken. Mayonnaise, Joghurt und Senf verrühren, Gewürzgurke, Kapern, Ei und Schnittlauch unterziehen und die Remoulade mit Salz und Pfeffer abschmecken.

- Die Sellerieschnitzel aus der Pfanne nehmen und auf Küchenpapier kurz entfetten; mit der Remoulade servieren.

Knollengemüse vom Blech mit Chili-Kräuterquark

Wer würde bei dieser bunten Vielfalt auf dem Teller vermuten, dass es sich um ein äußerst preiswertes Gericht handelt.

Zubereitung: 1 Stunde
Für 4 Personen

Zutaten

Für das Gemüse
300 g mittelgroße vorwiegend festkochende Kartoffeln
1 Süßkartoffel (etwa 300 g)
2–3 Pastinaken
2–3 Karotten
2–3 kleine Rote Beten
1 Bund Frühlingszwiebeln
4 EL neutrales Pflanzenöl
Salz

Für den Quark
500 g Magerquark
150 g Joghurt
1 große rote Chilischote
1 Bund Schnittlauch
je 2–3 Zweige Petersilie, Basilikum und Dill
Salz | Pfeffer

▮ Den Backofen auf 200 °C vorheizen, ein Blech mit Backpapier belegen. Die Kartoffeln gründlich waschen und längs sechsteln. Die Süßkartoffel schälen und in dicke Schnitze schneiden. Pastinaken und Karotten schälen und längs vierteln. Die Roten Beten mit Einmal-Handschuhen schälen und längs sechsteln. Die Frühlingszwiebeln putzen, das Grün kürzen, die Zwiebeln längs halbieren.

▮ Alles vorbereitete Gemüse in einer Schüssel im Öl wenden und auf dem Blech verteilen. 35 Minuten im heißen Ofen auf der mittleren Schiene backen, gelegentlich wenden. Zur Kontrolle mit einem spitzen Messer in das Gemüse stechen. Wenn es noch nicht weich ist, weitere 5–10 Minuten backen.

▮ Inzwischen den Quark mit dem Joghurt glatt rühren. Die Chilischote längs aufschneiden, von den Samen befreien, waschen und sehr fein würfeln. Die Kräuter waschen und trocken schütteln, den Schnittlauch in Röllchen schneiden, Petersilien- und Basilikumblätter sowie Dillspitzen fein hacken. Alles unter den Quark mischen und diesen mit Salz und Pfeffer abschmecken.

▮ Das Gemüse aus dem Ofen nehmen, salzen und mit dem Chili-Kräuterquark servieren.

Sesamkartoffeln mit Kreuzkümmeljoghurt

Orientalisch gewürzter Joghurt ist die perfekte Ergänzung zu den knusprig-nussigen Kartoffelhälften.

Zubereitung: 1 Stunde
Für 4 Personen

Zutaten

3 EL neutrales Pflanzenöl
3 EL Sesam
½ TL Cayennepfeffer
1 kg vorwiegend festkochende Kartoffeln
500 g Vollmilchjoghurt
1 EL Zitronensaft
1 TL gemahlener Kreuzkümmel
Salz
Zucker

▪ Den Backofen auf 200 °C vorheizen, ein Blech mit Backpapier belegen und dieses mit einem Esslöffel Öl einpinseln. Sesam und Cayennepfeffer auf einem Teller mischen.

▪ Die Kartoffeln gründlich waschen, längs halbieren und in einer Schüssel in dem übrigen Öl wenden. Die Kartoffelhälften mit den Schnittflächen in die Sesammischung drücken und mit der Sesamseite aufs Blech legen. 15 Minuten im heißen Ofen auf der mittleren Schiene backen, dann wenden und in weiteren 15 Minuten fertig backen.

▪ Inzwischen den Joghurt mit Zitronensaft und Kreuzkümmel glatt rühren, mit Salz, Cayennepfeffer und einer Prise Zucker abschmecken.

▪ Die Sesamkartoffeln aus dem Ofen nehmen und salzen. Mit dem Kreuzkümmeljoghurt servieren.

Kümmelkartoffeln mit Radieschenfrischkäse

Eine herzhafte Variante der beliebten Blechkartoffeln.

Zubereitung: 1 Stunde
Für 4 Personen
(siehe Bild)

Zutaten

1 kg vorwiegend festkochende Kartoffeln
3 EL neutrales Pflanzenöl
3 EL Kümmel
1 Bund Radieschen
Salz | Pfeffer
1–2 Frühlingszwiebeln
250 g Frischkäse
2 EL Crème fraîche
1 EL Meerrettich (aus dem Glas)

▪ Den Backofen auf 200 °C vorheizen, ein Blech mit Backpapier belegen und dieses mit einem Esslöffel Öl einpinseln. Die Kümmelsamen auf einen Teller geben. Die Kartoffeln gründlich waschen, längs halbieren und in einer Schüssel im übrigen Öl wenden. Die Kartoffelhälften mit den Schnittflächen in den Kümmel drücken und aufs Blech legen. 15 Minuten im heißen Ofen auf der mittleren Schiene backen, dann wenden und in etwa 15 Minuten fertig backen.

▪ Inzwischen die Radieschen vom Grün befreien, waschen und in feine Stifte schneiden. Mit Salz bestreuen und einige Minuten Wasser ziehen lassen. Die Frühlingszwiebeln putzen, waschen und fein schneiden. Frischkäse, Crème fraîche und Meerrettich verrühren. Die Radieschenstifte trocken tupfen und mit den Frühlingszwiebeln untermischen. Mit Salz und Pfeffer würzen. Die Kümmelkartoffeln salzen und mit der Frischkäsecreme servieren.

Backofenkartoffeln mit Garnelenschmant

Heiß geliebt und auf unendlich viele Arten füllbar.

Zubereitung: 1 Stunde 10 Minuten
Für 4 Personen

Zutaten

4 große, mehlig kochende Kartoffeln
1 EL neutrales Pflanzenöl
2–3 Frühlingszwiebeln
250 g Schmant
1 EL Zitronensaft
Salz | Pfeffer
Zucker
200 g Garnelen (in Salzlake)

▮ Den Backofen auf 180 °C vorheizen. Die Kartoffeln gründlich waschen, mehrfach mit einer Gabel einstechen, mit dem Öl einreiben und jede in ein Stück Alufolie wickeln. Auf dem Blech im Backofen 1 Stunde backen, bis sie weich sind.

▮ Inzwischen die Frühlingszwiebeln putzen, waschen und fein schneiden. Den Schmant mit dem Zitronensaft glatt rühren, mit Salz, Pfeffer und einer Prise Zucker würzen. Die Garnelen abtropfen lassen und mit den Frühlingszwiebeln untermengen.

▮ Die Kartoffeln auswickeln, längs aufbrechen, salzen und mit dem Garnelenschmant bekrönen.

Variante: Statt der Garnelen können Sie für die Füllung auch 150 Gramm in feine Streifen geschnittenen Räucherlachs verwenden.

Gefüllte Kartoffeln mit Spinat und Gorgonzola

Spinat und Gorgonzola – das Dreamteam – treffen hier in ausgehöhlten Kartoffelhälften aufeinander.

Zubereitung: 1 Stunde
Für 4 Personen
(siehe Bild)

Zutaten

225 g tiefgekühlter Blattspinat
4 große, vorwiegend festkochende Kartoffeln
1 Zwiebel
1 Knoblauchzehe
1 EL Butter
150 g Gorgonzola
Salz | Pfeffer
Muskatnuss, frisch gerieben
etwas Butter für die Form

▮ Den Spinat auftauen lassen. Die Kartoffeln in einem Topf mit Wasser bedecken und etwa 25 Minuten garen. Die Zwiebel und den Knoblauch schälen, fein hacken und in der Butter in 2 Minuten glasig anschwitzen. Den Spinat ausdrücken und grob hacken. Den Gorgonzola würfeln.

▮ Den Backofen auf 200 °C vorheizen, eine Auflaufform ausbuttern. Die Kartoffeln pellen, längs halbieren und so aushöhlen, dass ein ungefähr zwei Zentimeter dicker Rand bleibt. Das ausgehöhlte Kartoffelfleisch fein hacken und mit dem Spinat, der Zwiebelmischung und dem Gorgonzola vermengen, mit Salz, Pfeffer und Muskatnuss würzen. Die Kartoffelhälften damit füllen und diese in die gebutterte Form setzen. Im heißen Ofen auf der mittleren Schiene 20 Minuten backen.

Kartoffel-Tortillitas in der Muffinform

Die kleinen Kartoffeltörtchen sind ein prima Fingerfood für Partys.

Zubereitung: 40 Minuten
Ergibt 6 Stück

Zutaten

400 g vorwiegend festkochende Kartoffeln
2 Frühlingszwiebeln
1 Knoblauchzehe
neutrales Pflanzenöl
Salz
4 Eier
Cayennepfeffer

- Die Kartoffeln schälen und in Pommes-frites-Stäbchen schneiden. Die Frühlingszwiebeln putzen, waschen und in feine Ringe schneiden. Den Knoblauch schälen und fein hacken.

- In einer Pfanne zwei Zentimeter hoch Öl erhitzen. Die Kartoffeln darin bei mittlerer Hitze in 5 Minuten knapp gar, aber nicht braun frittieren. In der letzten Minute die Frühlingszwiebeln und den Knoblauch dazugeben. Alles in ein Sieb abgießen (das Öl auffangen, es kann wiederverwendet werden), abtropfen lassen und salzen.

- Den Backofen auf 180 °C vorheizen, sechs Vertiefungen einer Muffinform mit etwas von dem aufgefangenen Öl auspinseln. Die Eier mit je einer kräftigen Prise Salz und Cayennepfeffer verrühren und die Kartoffelmischung unterheben. Die Masse in die geölten Vertiefungen des Muffinsblechs geben und im heißen Ofen auf der mittleren Schiene in 12–15 Minuten stocken lassen.

- Das Muffinblech aus dem Ofen nehmen und 5 Minuten ruhen lassen. Die Tortillitas mit einem spitzen Messer vom Rand lösen und herausheben. Lauwarm oder kalt servieren.

Varianten: Wer mag, gibt für Garnelen-Paprika-Tortillitas mit den Frühlingszwiebeln und dem Knoblauch noch eine geputzte und klein gewürfelte rote Paprikaschote ins heiße Öl und frittiert sie 1 Minute mit. Zusätzlich noch 100 Gramm gegarte Garnelen (aus der Kühltheke) unter die Eier mengen und in die Tortillitas einbacken.

Für eine klassische Kartoffel-Tortilla aus der Pfanne geben Sie die Eiermischung zurück in die Pfanne, in der sich noch ein wenig Öl befindet. Bei mittlerer Hitze 5 Minuten stocken lassen, dann mithilfe eines flachen Deckels oder eines Tellers wenden und in 5 Minuten fertig braten.

Kartoffel-Zucchini-Tomaten-Gratin

Die provenzalischen Kräuter verleihen dem Gratin einen verführerischen Duft nach Sommer und Sonne.

Zubereitung: 1 Stunde
Für 2 Personen
(siehe Bild)

Zutaten

2 Zucchini (je etwa 150 g)
4 Strauchtomaten
1 Bund Kräuter der Provence (zum Beispiel Thymian, Oregano und Lavendel; bitte kein Lorbeer)
250 g vorwiegend festkochende Kartoffeln
150 g Ziegenweichkäse
4 EL Olivenöl
Salz | Pfeffer

▌Den Backofen auf 180 °C vorheizen. Zucchini und Tomaten waschen und ohne Stielansätze in Scheiben schneiden. Die Kräuter waschen, trocken schütteln und die Blätter fein hacken. Die Kartoffeln schälen und in Scheiben schneiden. Den Ziegenkäse in Scheiben schneiden.

▌Eine Auflaufform für zwei (oder zwei Portionsförmchen mit etwa 14 Zentimeter Durchmesser) mit Olivenöl ausstreichen. Zucchini-, Tomaten-, Kartoffel- und Ziegenkäsescheiben im Wechsel in die Form schichten. Mit Salz, Pfeffer und Kräutern der Provence würzen und mit dem übrigen Olivenöl beträufeln. Im heißen Ofen auf der mittleren Schiene 30 Minuten backen.

Tipp: Wer keine frischen Kräuter bekommt, ersetzt sie durch einen gehäuften Teelöffel getrocknete Kräuter der Provence.

Kartoffel-Zwiebel-Auflauf mit Hackfleisch

Durch Äpfel bekommt der herzhafte Auflauf zusätzlich eine fruchtige Note.

Zubereitung: 1 Stunde 15 Minuten
Für 4 Personen

Zutaten

2 Gemüsezwiebeln (500 g)
4 EL neutrales Pflanzenöl
400 g gemischtes Hackfleisch
Salz | Pfeffer
1 TL getrockneter Oregano
750 g vorwiegend festkochende Kartoffeln
2 säuerliche Äpfel
2 EL Zitronensaft
250 g Crème fraîche
150 g Gruyère, gerieben
etwas Butter für die Form

▌Die Zwiebeln schälen und in Scheiben hobeln. In einer Pfanne in zwei Esslöffeln Öl in 5–6 Minuten goldbraun braten. Herausnehmen. Das übrige Öl in der Pfanne erhitzen und das Hackfleisch darin unter Rühren in 4–5 Minuten krümelig braten. Mit Salz, Pfeffer und dem Oregano würzen.

▌Die Kartoffeln schälen und in Scheiben schneiden. Die Äpfel schälen, vom Kerngehäuse befreien, in Spalten schneiden und mit dem Zitronensaft beträufeln.

▌Den Backofen auf 200 °C vorheizen, eine Auflaufform ausbuttern. Kartoffeln und Äpfel einlegen und mit Salz und Pfeffer würzen. Das Hackfleisch und die Zwiebeln darauf verteilen. Die Crème fraîche mit dem Käse verrühren und auf der Oberfläche verstreichen. Den Auflauf im heißen Ofen auf der mittleren Schiene etwa 45 Minuten backen.

Kartoffel-Kohlrabi-Gratin mit Kürbiskernpesto

Kürbiskerne und würziges Kernöl, am besten aus der Steiermark, verleihen dem Gratin ein unvergleichlich nussiges Aroma.

Zubereitung: 1 Stunde 20 Minuten
Für 4 Personen

Zutaten

je 1 Bund Petersilie und Basilikum
50 g Kürbiskerne
2 EL Olivenöl
2 EL Kürbiskernöl
Salz
4 EL frisch geriebener Parmesan
Zitronensaft
Pfeffer
800 g mehlig kochende Kartoffeln
2 Kohlrabi (je etwa 300 g)
200 g Sahne
100 ml Milch
etwas Butter für die Form

- Die Petersilie und das Basilikum waschen, trocken schütteln und die Blätter abzupfen. Mit 40 Gramm Kürbiskernen, den beiden Ölsorten und einer Prise Salz im Mixer (oder einem hohen Aufschlaggefäß mit dem Pürierstab) fein pürieren. Zwei Esslöffel geriebenen Parmesan unterrühren und mit Zitronensaft und Pfeffer abschmecken.

- Den Backofen auf 200 °C vorheizen. Eine ofenfeste Form mit etwas Butter ausfetten. Die Kartoffeln und die Kohlrabi schälen und in dünne Scheiben schneiden. Eine Lage Kartoffeln dachziegelartig in die Form schichten und salzen. Die Kohlrabi ebenso darüberschichten und das Kürbiskernpesto darauf verteilen. Mit einer Lage Kartoffeln abschließen und mit Salz würzen. Sahne und Milch mischen und gleichmäßig über das Gratin gießen. Die übrigen Kürbiskerne und den übrigen Parmesan darüberstreuen. Das Gratin im heißen Backofen auf der mittleren Schiene etwa 50 Minuten backen.

- Das Kartoffelgratin herausnehmen und vor dem Portionieren 10 Minuten zugedeckt ruhen lassen. Mit einem scharfen Messer bis auf den Boden der Form in vier Stücke schneiden und diese mit einem Pfannenwender auf Teller heben.

Einkaufstipp: Die Kartoffeln müssen ausreichend Stärke enthalten, um Sahne und Milch gut aufzusaugen und dem Gratin seine typische Konsistenz zu verleihen. Neue Kartoffeln sind deshalb für Gratins ungeeignet.

Kartoffel-Gratin

Der französische Klassiker schmeckt sowohl als Beilage als auch, mit einem grünen Salat, als komplettes Essen.

Kartoffel-Spinat-Gratin

Mit der Gemüsefüllung wird aus einem einfachen Gericht eine feine Mahlzeit.

Kartoffel-Birnen-Gratin

Dieses Gratin passt gut zu Entenbrust oder Lamm. Statt Birnen können Sie auch säuerliche Äpfel nehmen.

Kartoffel-Sellerie-Gratin

Diese würzige Gratin-Variante ist die perfekte Ergänzung zu Wildgerichten.

Kartoffel-Gratin

Zubereitung: 1 Stunde 15 Minuten
Für 4–6 Personen

Zutaten

800 g mehlig kochende Kartoffeln
40 g Butter | Salz | Pfeffer | Muskatnuss, frisch gerieben | 200 g Sahne | 200 ml Milch

■ Die Kartoffeln schälen, in Scheiben schneiden und dachziegelartig in eine gebutterte Form schichten. Jede Lage mit Salz, Pfeffer und Muskatnuss würzen. Sahne und Milch mischen und darübergießen, übrige Butter in Flöckchen daraufsetzen. Im vorgeheizten Ofen (siehe Seite 95) 50 Minuten backen, die Form aus dem Ofen nehmen un das Gratin 10 Minuten zugedeckt ruhen lassen. Das Gratin portionieren und mit einem Pfannenwender auf die Teller heben.

Kartoffel-Spinat-Gratin

Zubereitung: 1 Stunde 15 Minuten
Für 4 Personen

Zutaten

450 g tiefgekühlter Blattspinat | Salz | Pfeffer
1 Knoblauchzehe | 800 g mehlig kochende Kartoffeln | 40 g Butter | Muskatnuss, frisch gerieben | 200 g Sahne | 200 ml Milch
50 g Gratinkäse, gerieben

■ Den aufgetauten Spinat ausdrücken, hacken, salzen und pfeffern. Den Knoblauch schälen, fein würfeln und untermischen. Die Kartoffeln schälen und in Scheiben schneiden, die Hälfte in eine gebutterte Form schichten und würzen. Mit dem Spinat bedecken und die übrigen Kartoffeln darauflegen. Würzen, Sahne und Milch darübergießen und mit dem Käse bestreuen. Wie auf Seite 95 beschrieben im heißen Ofen backen. 50 Minuten ruhen lassen.

Kartoffel-Birnen-Gratin

Zubereitung: 1 Stunde 15 Minuten
Für 4–6 Personen

Zutaten

800 g mehlig kochende Kartoffeln
2 reife Birnen | 2 EL Zitronensaft | 40 g Butter
Salz | Pfeffer | Muskatnuss, frisch gerieben
200 g Sahne | 100 ml Milch
Petersilie

■ Die Kartoffeln schälen und in Scheiben schneiden. Die Birnen schälen, ohne Kerngehäuse in Spalten schneiden, mit Zitronensaft beträufeln. Beides abwechselnd dachziegelförmig in eine gebutterte Form schichten. Jede Lage mit Salz, Pfeffer und Muskatnuss würzen. Sahne und Milch darübergießen, übrige Butter in Flöckchen daraufsetzen. Im vorgeheizten Ofen (siehe Seite 95) 50 Minuten backen, 10 Minuten zugedeckt ruhen lassen.

Kartoffel-Sellerie-Gratin

Zubereitung: 1 Stunde 15 Minuten
Fur 4–6 Personen

Zutaten

800 g mehlig kochende Kartoffeln
250 g Knollensellerie | 40 g Butter | Salz
Pfeffer | Muskatnuss, frisch gerieben
200 g Sahne | 150 ml Milch

■ Die Kartoffeln schälen und in Scheiben schneiden. Den Sellerie schälen und fein hobeln. Beides abwechselnd in eine gebutterte Form schichten, mit Salz, Pfeffer und Muskatnuss würzen. Sahne und Milch mischen und darübergießen, übrige Butter in Flöckchen daraufsetzen. Im vorgeheizten Ofen (siehe Seite 95) 50 Minuten backen, 10 Minuten zugedeckt ruhen lassen.

Süßkartoffel-Kokos-Gratin

Cremige Kokosmilch und aromatische Kokoschips bringen Exotik mit ins Spiel.

Zubereitung: 1 Stunde 15 Minuten
Für 4–6 Personen
(siehe Bild)

Zutaten

200 g Zuckerschoten
1 Bund Frühlingszwiebeln
750 g Süßkartoffeln
400 ml Kokosmilch
50 g Kokoschips (aus dem Bioladen, ersatzweise Kokosraspel)
Salz | Cayennepfeffer

▮ Den Backofen auf 200 °C vorheizen. Die Zuckerschoten waschen, putzen (eventuell entfädeln) und schräg halbieren. Die Frühlingszwiebeln putzen, waschen und in feine Ringe schneiden. Die Süßkartoffeln schälen und in drei Millimeter dicke Scheiben schneiden.

▮ Eine Auflaufform mit etwas Kokosmilch ausstreichen und die Hälfte der zerbröselten Kokoschips darin verteilen. Die Hälfte der Süßkartoffeln dachziegelförmig einschichten, Zuckerschoten und zwei Drittel der Frühlingszwiebeln darauf verteilen. Kräftig mit Salz und Cayennepfeffer würzen. Mit den übrigen Süßkartoffeln abdecken, würzen und die Kokosmilch darübergießen. Die restlichen Frühlingszwiebeln und Kokoschips darüberstreuen. Im heißen Ofen auf der mittleren Schiene 50 Minuten backen.

▮ Das Gratin aus dem Ofen nehmen und 10 Minuten zugedeckt ruhen lassen, dann portionieren. Das Gratin schmeckt mit einem bunten Salat als Hauptgericht oder als Beilage zu Fisch.

Topinambur-Gratin

Die indischen Gewürze harmonieren perfekt mit dem erdigen Aroma der Topinambur.

Zubereitung: 1 Stunde
Für 4 Personen

Zutaten

600 g Topinambur
1 Zwiebel
2 Knoblauchzehen
1 Stück frischer Ingwer (etwa 2 cm)
1 EL Butterschmalz
100 ml trockener Sherry
200 g Sahne
Salz | Pfeffer
1 gehäufter TL Garam Masala (indische Gewürzmischung)
40 g Cashewkerne
etwas Butter für die Form

▮ Die Topinamburen gründlich waschen. In einem Topf mit Dämpfeinsatz in etwa 15 Minuten knapp gar dämpfen. Lauwarm abkühlen lassen.

▮ Inzwischen Zwiebel, Knoblauch und Ingwer schälen und fein hacken. Im Butterschmalz 2 Minuten bei mittlerer Hitze unter Rühren anbraten, mit dem Sherry ablöschen. Die Sahne angießen und die Sauce mit Salz, Pfeffer und dem Garam Masala würzen.

▮ Den Backofen auf 200 °C vorheizen, eine Auflaufform ausbuttern. Die Topinamburen pellen und in Scheiben schneiden. In die Form schichten und die Sahnesauce darübergießen. Die Cashewkerne grob hacken und darüberstreuen. Das Gratin etwa 20 Minuten im heißen Ofen backen.

Variante: Wer bei Gratins eine Käsekruste liebt, streut vor dem Überbacken noch 80 Gramm geriebenen Gratinkäse darüber.

Überbackene Schwarzwurzeln

Die feine Safran-Butter-Sauce ist nichts für Kalorienzähler, schmeckt aber einfach hinreißend zum sogenannten „Winterspargel".

Zubereitung: 1 Stunde
Für 4 Personen

Zutaten

2 EL Mehl
2 EL Weißweinessig
1 kg Schwarzwurzeln
Salz
1 EL Butter
300 g Crème fraîche
0,1 g Safranfäden
1 Eigelb
100 g Vollmilchjoghurt
100 g Sahne
Cayennepfeffer
1 TL Zitronensaft

▮ In einer Schüssel zwei Liter Wasser mit einem Esslöffel Mehl und dem Essig mischen. Die Schwarzwurzeln gründlich abbürsten (Einmal-Handschuhe tragen) und schälen. Sofort in das Wasser legen, damit sie nicht braun werden.

▮ In einem Topf, in dem die Stangen liegend Platz haben, fünf Zentimeter hoch Wasser aufkochen, salzen und die Schwarzwurzeln darin in etwa 20 Minuten knapp weich garen.

▮ Inzwischen für die Gratinsauce das übrige Mehl mit der Butter verkneten. Die Crème fraîche in einem Topf unter Rühren aufkochen und den Safran einrühren. Nach und nach etwa zwei Drittel der Mehlbutter in Flöckchen unterrühren, die Sauce 5–6 Minuten bei schwacher Hitze unter Rühren köcheln lassen. Den Topf vom Herd nehmen. Das Eigelb mit dem Joghurt verquirlen und unterrühren. Die Sahne steif schlagen und unterziehen. Mit Salz, Cayennepfeffer und dem Zitronensaft würzig abschmecken.

▮ Den Backofen auf 220 °C vorheizen und die Grillfunktion zuschalten. Die Schwarzwurzeln aus dem Sud heben, kurz abtropfen lassen und in eine Gratinform legen. Mit der Sauce überziehen und im heißen Ofen (oben) 10–12 Minuten überbacken. Dazu schmecken Pellkartoffeln.

Steckrüben-Crumble mit Parmesan

Die knusprigen Parmesanstreusel sind das i-Tüpfelchen auf diesem Auflauf.

Zubereitung: 1 Stunde
Für 4 Personen

Zutaten

1 kg Steckrüben
500 ml Gemüsebrühe
2 Strauchtomaten
1 Zucchini (150 g)
2 Knoblauchzehen
Salz | Pfeffer
150 g Mehl
4 EL frisch geriebener Parmesan
1 Zweig Rosmarin
1 Eigelb
100 g kalte Butter
etwas Butter für die Form

▮ Die Steckrüben schälen und in Scheiben schneiden. In einem Topf mit der Gemüsebrühe bedecken und in etwa 15 Minuten bissfest garen.

▮ Inzwischen die Tomaten waschen, quer halbieren, von Stielansatz und Samen befreien und klein würfeln. Die Zucchini waschen und ebenfalls klein würfeln. Den Knoblauch schälen und fein hacken.

▮ Den Backofen auf 200 °C vorheizen, eine Auflaufform ausbuttern. Die Steckrüben aus der Brühe heben und dachziegelförmig einschichten. Die Zucchini- und Tomatenwürfel und den Knoblauch darauf verteilen und mit Salz und Pfeffer würzen. Sechs Esslöffel Gemüsekochwasser darüberträufeln.

▮ Das Mehl auf die Arbeitsfläche sieben und den Parmesan untermischen. Den Rosmarin waschen, trocken schütteln und die Blättchen fein hacken. Mit dem Eigelb dazugeben. Die Butter in kleine Stückchen schneiden, hinzufügen und alles zu krümeligen Streuseln verkneten.

▮ Die Parmesanstreusel gleichmäßig auf dem Auflauf verteilen. Im heißen Ofen auf der mittleren Schiene 30 Minuten backen, bis die Streusel goldbraun und knusprig sind.

Schwarzer-Rettich-Auflauf

Geräucherter Speck und reichlich Kreuzkümmel verleihen dem Auflauf eine überraschende Würze.

Zubereitung: 1 Stunde 20 Minuten
Für 4 Personen

Zutaten

500 g schwarzer Rettich
500 g mehlig kochende Kartoffeln
1 gehäufter EL Kreuzkümmel
400 g geräucherter Speck (ohne Schwarte, in dünnen Scheiben)
Salz | Pfeffer
300 ml Gemüsebrühe
etwas Butter für die Form

- Die Rettiche schälen, längs halbieren und in Scheiben schneiden. Die Kartoffeln schälen und in Scheiben schneiden. Den Kreuzkümmel im Mörser grob zerstoßen.

- Den Backofen auf 200 °C vorheizen, eine Auflaufform ausbuttern. Kartoffeln, Rettich und Speckscheiben dachziegelförmig überlappend einschichten und jede Lage mit wenig Salz (der Speck ist bereits salzig), reichlich Pfeffer und dem Kreuzkümmel würzen. Die Gemüsebrühe darübergießen und den Auflauf etwa 50 Minuten im heißen Ofen auf der mittleren Schiene backen.

- Den Auflauf herausnehmen und vor dem Portionieren 10 Minuten zugedeckt ruhen lassen.

Variante: Wer Kreuzkümmel nichts abgewinnen kann, würzt die Lagen mit Salz, Pfeffer, zwei Teelöffeln getrocknetem Oregano und den gehackten Blättern von 3–4 Stängeln Basilikum. Statt Brühe kann man dann auch 200 Gramm Sahne plus 100 Milliliter Milch verwenden.

Steinbeißerfilet im Kartoffelmantel

Im knusprigen Kartoffelkleid bleibt der Fisch saftig und zart.

Zubereitung: 30 Minuten
Für 2 Personen

Zutaten

400 g Steinbeißerfilet
2 EL Mehl
1 Ei
400 g festkochende Kartoffeln
Salz | Pfeffer
Muskatnuss, frisch gerieben
3 EL Butterschmalz

- Die Fischfilets kalt abwaschen, trocken tupfen und in insgesamt sechs Stücke schneiden. Das Mehl auf einen Teller geben. Das Ei in einem tiefen Teller mit einem Teelöffel Wasser verquirlen.

- Die Kartoffeln schälen und grob raspeln. Die Raspel in ein Stoffküchentuch geben, dieses fest zusammendrehen und möglichst alle Flüssigkeit aus den Kartoffelraspeln pressen. Die Kartoffeln dann dünn auf Frischhaltefolie verteilen und mit wenig Salz, Pfeffer und Muskatnuss würzen.

- Die Fischfilets salzen und pfeffern. Erst im Mehl wenden und den Überschuss gut abklopfen, dann durch das Ei ziehen und schließlich mit den Kartoffelraspeln umhüllen und diese mithilfe der Folie gut andrücken.

- Das Butterschmalz in einer Pfanne erhitzen. Die Fischfilets darin von jeder Seite 3 Minuten bei mittlerer Hitze braten. Aus der Pfanne nehmen, auf Küchenpapier legen und abtropfen lassen. Dazu passt die leichte Remoulade von Seite 83 und ein bunter Salat.

Fischfilet mit bunten Kartoffelschuppen und Estragonsahne

Sieht zauberhaft aus und schmeckt auch so – ein feines Gericht für zwei.

Zubereitung: 40 Minuten
Für 2 Personen

Zutaten

1 Schalotte
3 EL neutrales Pflanzenöl
2 EL Noilly Prat (Wermut, nach Belieben)
200 ml Fischfond (aus dem Glas)
2 Stücke Seelachsfilet (je etwa 150 g)
1 kleine vorwiegend festkochende Kartoffel
1 kleine blaue Kartoffel (beispielsweise Vitelotte)
1 schlankes Stück Süßkartoffel (etwa 50 g)
1 Eiweiß
Salz
80 g Sahne
3–4 Stängel Estragon
Pfeffer

■ Die Schalotte schälen und sehr fein hacken. In einem Topf einen Esslöffel Öl erhitzen und die Schalotte darin glasig anschwitzen. Den Wermut, falls verwendet, angießen und einkochen lassen. Den Fischfond dazugeben und 15 Minuten bei mittlerer Hitze einkochen lassen.

■ Inzwischen den Backofen auf 180 °C vorheizen. Die Fischfilets kalt abwaschen und trocken tupfen. Die Kartoffeln schälen, in feine Scheiben hobeln und trocken tupfen. Das Eiweiß mit einer Gabel leicht verschlagen. Die Fischfilets salzen, auf der Hautseite mit Eiweiß einpinseln, die Kartoffelscheiben schuppenförmig überlappend darauflegen und andrücken.

■ Das übrige Öl in einer Pfanne erhitzen, den Fisch mit der Kartoffelseite hineinlegen und etwa 5 Minuten bei mittlerer Hitze braten, bis die Kartoffelschuppen knusprig sind. Die Filets wenden und auf der anderen Seite 1 Minute braten, dann in eine ofenfeste Form heben und im Backofen auf der mittleren Schiene noch etwa 10 Minuten backen.

■ Inzwischen die Sahne aufschlagen. Den Estragon waschen und die Blätter fein hacken. Beides unter den eingekochten Fond rühren, mit Salz und Pfeffer abschmecken. Die Sauce als Spiegel auf zwei vorgewärmte Teller gießen. Die Fischfilets darauf anrichten und die Kartoffelschuppen leicht salzen. Dazu passt Blattspinat.

Honighähnchenkeulen mit Knollengemüse

Einfacher geht's nicht: Alles zusammen auf dem Blech in den Backofen schieben, zwischendurch nur kurz bespinseln und 30 Minuten später genießen.

Zubereitung: 1 Stunde
Für 4 Personen

Zutaten

400 g Petersilienwurzeln
400 g Karotten
1 Bund Frühlingszwiebeln
1 junge Knoblauchknolle
4 große Hähnchenkeulen (etwa 1 kg)
Salz
1 EL Ras el Hanout
(Würzmischung aus dem Orient)
8 EL Olivenöl
250 ml Weißwein
2 EL flüssiger Honig

▮ Die Petersilienwurzeln und Karotten schälen und schräg in dicke Scheiben schneiden. Die Frühlingszwiebeln putzen, waschen und in fünf Zentimeter lange Stücke teilen. Den Knoblauch in Zehen teilen, die inneren, beim jungen Knoblauch noch weichen Hüllen dranlassen.

▮ Den Backofen auf 200 °C vorheizen. Die Hähnchenkeulen im Gelenk teilen, kalt abwaschen und abtrocknen. Mit Salz und Ras el Hanout würzen. Die Fettpfanne des Backofens mit zwei Esslöffeln Öl besprenkeln, die Hähnchenteile mit der Hautseite nach unten darauf verteilen. Das Gemüse und die Knoblauchzehen darum herum verteilen. Das übrige Öl darüberträufeln und den Wein angießen. Für 10 Minuten in den heißen Backofen schieben.

▮ Das Blech kurz herausnehmen, das Gemüse und die Hähnchenstücke wenden, Letztere mit Honig bepinseln. Zurück in den Ofen schieben und 15 Minuten weiterbraten, dabei die Hähnchenteile noch zweimal mit Honig bestreichen. Zum Schluss den Backofengrill zuschalten und die Hähnchenstücke in 5 Minuten goldbraun übergrillen. Das Knollengemüse salzen und mit den Hähnchenkeulen servieren.

Schweinelende mit Süßkartoffel-Macadamia-Kruste

Superzartes Fleisch mit nussig-aromatischer Knusperkruste – der Applaus Ihrer Gäste ist Ihnen sicher.

Zubereitung: 3 Stunden
Für 4 Personen

Zutaten

800 g Schweinelende
(ausgelöstes Kotelettstück ohne Haut und Fettschicht)
Salz | Pfeffer
1 TL mittelscharfer Senf
2 EL neutrales Pflanzenöl
1 Süßkartoffel (etwa 200 g)
80 g geröstete gesalzene Macadamianüsse
½ Bund Petersilie
2 Eiweiß
2 EL Semmelbrösel
abgeriebene Schale von ½ Biozitrone

- Den Backofen samt einer flachen, ofenfesten Form aus Porzellan oder Keramik auf 80 °C vorheizen. Das Fleisch salzen, pfeffern und mit dem Senf einreiben. Im Öl rundherum, auch an den Enden, bei mittlerer Hitze 6–7 Minuten anbraten. In die Form umsetzen und 2 Stunden im Ofen (Mitte, Umluft ist nicht empfehlenswert) garen.

- Die Süßkartoffel schälen und fein raspeln. Die Nüsse grob hacken. Die Petersilie waschen und trocken schütteln, die Blätter fein schneiden. Die Eiweiße mit einer Prise Salz zu Schnee schlagen. Süßkartoffelraspel, Nüsse, Petersilie, Semmelbrösel und die abgeriebene Zitronenschale unterheben.

- Die Schweinelende aus dem Ofen nehmen, die Backofen-Temperatur auf 220 °C erhöhen. Die Oberfläche der Lende mit Küchenpapier trocken tupfen, die Süßkartoffel-Macadamia-Masse darauf verteilen und andrücken (geht am besten mit den Händen). Den Backofengrill zuschalten und den Braten im Ofen (oben) 8–10 Minuten grillen.

Variante: Für Hirschrückenfilet mit Selleriekruste 800 Gramm Hirschrückenfilet wie beschrieben würzen, anbraten und 2 Stunden bei Niedrigtemperatur garen. 200 Gramm Knollensellerie raspeln und mit 80 Gramm gehackten Haselnüssen, Petersilie, Semmelbröseln und Zitronenschale unter den Eischnee ziehen (Mengen siehe Hauptrezept). Den Braten wie beschrieben unter dem Backofengrill überkrusten.

Beilagen

Pellkartoffeln, Salzkartoffeln, Kartoffelpüree oder *Pommes frites* als Beilage? Die Klassiker mag jeder immer wieder gerne. Und auch Karotten und Kohlrabi sind allseits beliebt und gern gesehene Beilagen. Süßkartoffeln erobern sich gerade ihr Terrain. *Knollenziest* und *geschmorter Rettich* dagegen mögen so manchem noch unbekannt sein. Das sollten Sie ändern, es lohnt sich!

Thema mit Variationen

Gebraten oder gebacken, gekocht oder gedämpft, geschmort oder frittiert – **Sie haben die Wahl**. Und wenn mal etwas übrig bleibt, zaubern Sie daraus am nächsten Tag **neue Köstlichkeiten**, denen keiner die Resteküche ansieht.

Wie gingen Kartoffelknödel noch mal genau? Oder Berner Rösti? Und wie bekommt man richtig knusprige Pommes frites hin? In diesem Kapitel finden Sie viele Rezepte für klassische Kartoffelbeilagen. Aber auch ausgefallenere Speisen kommen nicht zu kurz: indische Bockshornkleekartoffeln etwa oder französischer Knollenziest in Safransahne. Auch das Süßkartoffel-Rettich-Gemüse sollten Sie ausprobieren! Rettich schmeckt nämlich nicht nur roh, man kann ihn wunderbar garen. Mit Süßkartoffeln sanft geschmort verliert er etwas von seiner Schärfe. Er macht sich außerdem gut als Einlage im Asia-Süppchen (siehe Seite 58).

Gekocht oder gedämpft?

In den meisten Rezepten für Pellkartoffeln liest man: „Die Kartoffeln in einem Topf mit Wasser bedecken und in etwa 25 Minuten weich kochen.“ Es spricht auch nichts dagegen, die Knollen auf diese Art zu garen. Um das Aroma der Kartoffeln noch zu intensivieren, können Sie einen Teelöffel Kümmelsamen ins Kochwasser geben. Dennoch, das Kochwasser laugt die Kartoffeln ein wenig aus. Es reicht auch völlig, wenn Sie etwa fünf Zentimeter Wasser angießen und die Kartoffeln so zugedeckt bei mittlerer Hitze weich garen. Am schonendsten ist aber Dämpfen der Pellkartoffeln. Der Vorteil: Durch das sanfte Garen im Wasserdampf bleiben alle Nährstoffe erhalten.

Zu Großmutters Zeiten gehörte der Dreiteiler aus flachem Topf, hohem Siebeinsatz und Deckel zur Standardausrüstung. Wer keinen solchen Kartoffeldämpfer hat und auch keinen elektrischen Dampfgarer besitzt, kann sich mit einem flexiblen, durchbrochenen Metalleinsatz behelfen, der in alle Töpfe passt (gibt es für wenig Geld im Haushaltswarengeschäft).

Eine andere beliebte Beilage zu Saucengerichten sind Salzkartoffeln. Sie nehmen dazu vorwiegend festkochende Kartoffeln, schälen sie, schneiden sie in Würfel oder Spalten und garen sie in einem Topf mit Wasser und Salz. Bedecken Sie die Kartoffeln dazu nur knapp mit Wasser und fügen Sie bei 800 Gramm Kartoffeln (die Beilagenmenge für vier Personen) etwa einen Teelöffel Salz hinzu. Sobald die Kartoffeln weich sind, gießen Sie das Wasser ab und aromatisieren die Kartoffeln nach Belieben mit Kräutern und Gewürzen (siehe Seite 124). Sowohl Pellkartoffeln als auch Salzkartoffeln sollten Sie immer kalt aufsetzen, damit sich die Kartoffeln mit dem Wasser erwärmen und gleichmäßig garen.

Kartoffelpüree

Salzkartoffeln sind auch die Basis für Kartoffelpüree, allerdings sollten Sie da mehlig kochende Kartoffeln verwenden. Was für Kartoffelsuppen gilt, gilt auch fürs Püree: Der Pürierstab ist zum Zerkleinern von Kartoffeln ungeeignet, dazu brauchen Sie einen Kartoffelstampfer. Wer keinen zur Hand hat, kann die weich gekochten Kartoffeln auch mit einer sauberen Flasche mit glattem Boden zerstampfen. Sie werden dadurch nicht ganz so fein, was aber kein Nachteil sein muss. Viele bevorzugen sogar den leicht stückigen sogenannten Kartoffelstampf.

Kartoffelpüree lässt sich bestens mit Kräutern und allerlei Würzzutaten abwandeln – Beispiele finden Sie auf Seite 136. Zur Abwechslung können Sie auch aus

Hände weg vom Pürierstab! Für Kartoffelpüree zerdrücken Sie die gekochten Kartoffeln mit dem Kartoffelstampfer.

anderen Knollen Püree zubereiten: Süßkartoffeln eignen sich prima und ergeben ein süßlich schmeckendes Püree, das gut zu Truthahn passt. Würziges Selleriepüree (pur oder halb und halb mit mehlig kochenden Kartoffeln) schmeckt ausgezeichnet zu Wildgerichten. Ein leicht an Artischocken erinnerndes Püree aus Topinambur (ebenfalls pur oder halb und halb mit Kartoffeln) ist eine interessante Beilage zu Lamm oder Fisch.

Reste klug verwerten

Als Ergänzung zu einem Fleisch-, Fisch- oder Gemüsegericht rechnet man pro Person, je nach Zubereitungsart, 150–200 Gramm Kartoffeln. Selten aber werden Beilagen so knapp bemessen, dass bei einer Mahlzeit alles aufgegessen wird. Und das ist auch nicht weiter schlimm, denn übrige Pell- oder Salzkartoffeln oder den Rest vom Püree können Sie anderntags prima in ein neues Gericht verwandeln.

Pellkartoffeln vom Vortag sind die perfekte Grundlage für Bratkartoffeln. Es lohnt sich unter Umständen also sogar, gleich ein paar Kartoffeln mehr zu kochen und am nächsten Tag ein zünftiges Tiroler Gröstl (siehe Seite 78) auf den Tisch zu bringen. Auf ähnliche Weise lassen sich die übrig gebliebenen Kartoffelknödel in geröstete Knödel verwandeln. Schneiden Sie für zwei Personen drei bis vier Knödel in dünne Scheiben und braten Sie sie mit einer in feine Spalten geschnittenen Zwiebel in einem Esslöffel Butterschmalz in der Pfanne rundherum knusprig goldgelb an. Gießen Sie sodann zwei mit einer Prise Salz und etwas frisch geriebener Muskatnuss verquirlte Eier darüber und lassen Sie diese stocken – mit Schnittlauchröllchen bestreut und einem grünen Salat ein fabelhaftes preiswertes Resteessen.

Aus Salzkartoffeln oder einem Rest Kartoffelpuree zaubern Sie ganz schnell eine Suppe: Putzen und würfeln Sie dazu ein Bund Suppengrün (Karotte, Sellerie, Lauch) ganz fein und schwitzen Sie das Gemüse in einem Esslöffel Butter an, bis es weich ist. Die Kartoffeln zerdrücken Sie im Topf mit dem Kartoffelstampfer und dann rühren Sie so viel warme Geflügel- oder Gemüsebrühe unter, dass eine cremige Suppe entsteht. Das Gemüse unterrühren, die Suppe aufkochen lassen und mit Salz, Pfeffer und Muskatnuss abschmecken. Statt des Suppengrüns können Sie auch (je nach vorhandener Kartoffelmenge) ein bis zwei Stangen Lauch in Ringe schneiden, in Butter anschwitzen und hinzufügen. Oder frische Champignons putzen, blättrig schneiden, mit fein gehackten Schalotten leicht anbraten und mit reichlich frisch gehackter Petersilie unter die Kartoffelsuppe mischen.

Grenailles-Pfanne mit Kirschtomaten und Rosmarin

Die Kartoffelpfanne schmeckt gut zu Lamm oder zu mit Knoblauch und mediterranen Kräutern gewürztem Schweinefleisch.

Zubereitung: 25 Minuten
Für 2 Personen

Zutaten

300 g kleine Kartoffeln (Grenailles)
4–5 junge Knoblauchzehen
3 EL Olivenöl
1 Handvoll kleine Kirschtomaten
1–2 Zweige frischer Rosmarin
Salz

- Die Kartoffeln waschen und halbieren. Die Knoblauchzehen von der Knolle lösen, die dünnen Häutchen belassen.

- Zwei Esslöffel Öl in einer großen Pfanne erhitzen. Die Kartoffeln mit den Schnittflächen hineinlegen, die Knoblauchzehen dazwischenstreuen und beides 5 Minuten bei mittlerer Hitze anbraten. Die Kirschtomaten waschen und abtrocknen. Den Rosmarin waschen, die Blättchen von den Zweigen zupfen.

- Die Kartoffeln und den Knoblauch wenden. Kirschtomaten und Rosmarin dazugeben, das übrige Öl darüberträufeln und alles 5 Minuten zugedeckt garen. Die Kartoffelpfanne salzen, durchschwenken und in weiteren 2–3 Minuten offen fertig braten.

Variante: Wer keine Kartoffeln mit Schale mag, schält 400 Gramm vorwiegend festkochende Kartoffeln, schneidet sie in zentimetergroße Würfel und brät diese 2–3 Minuten in der Pfanne in zwei Esslöffeln Olivenöl an. Eine in Spalten geschnittene Zwiebel, drei bis vier in Streifen geschnittene, getrocknete Tomaten (in Öl) und eine gehackte Knoblauchzehe dazugeben und 7–8 Minuten mitbraten. Eine Handvoll Kirschtomaten waschen, halbieren, mit den Blättchen von drei bis vier Zweigen frischem Thymian hinzufügen und unter gelegentlichem Wenden weiterbraten, bis die Kartoffeln gar sind. Mit Salz und Pfeffer würzen.

Pommes frites

Mehlig kochende Kartoffeln, nicht zu dünn geschnitten und zweimal frittiert – so gelingt der belgische Klassiker auch zu Hause perfekt.

Zubereitung: 45 Minuten
Für 6 Personen
(siehe Bild)

Zutaten

1 kg mehlig kochende Kartoffeln
Salz
1 l neutrales Pflanzenöl zum Frittieren

▮ Die Kartoffeln schälen, in knapp ein Zentimeter dicke Stäbchen schneiden und für 10 Minuten in kaltes Wasser legen, damit sich ein Teil der Kartoffelstärke löst. Dann in einem Sieb mit kaltem Wasser abbrausen und sehr gut abtrocknen.

▮ Das Öl in der Fritteuse auf 140 °C erhitzen. Die Kartoffeln in vier bis fünf Portionen jeweils 6 Minuten frittieren und zum Abtropfen in ein Sieb geben. Vollständig abkühlen lassen.

▮ Das Öl in der Fritteuse auf 175 °C erhitzen und die Kartoffeln in weiteren 4–5 Minuten goldbraun und knusprig frittieren. Salzen und nach Belieben pur, mit Mayonnaise oder Ketchup servieren.

Kartoffelspalten vom Blech

Rosmarin und Lorbeer geben den Kartoffeln ein unwiderstehliches Aroma.

Zubereitung: 15 Minuten
Backen: 30 Minuten
Für 4–6 Personen

Zutaten

1 kg vorwiegend festkochende Kartoffeln
2–3 Zweige Rosmarin
8–10 frische Lorbeerblätter
3 EL Olivenöl
Fleur de Sel

▮ Den Backofen auf 180 °C vorheizen, ein Blech mit Backpapier belegen. Die Kartoffeln schälen und in dicke Längsspalten schneiden. Den Rosmarin waschen und die Blättchen abzupfen. Die Lorbeerblätter waschen und trocken tupfen.

▮ Die Kartoffelspalten in einer Schüssel mit dem Öl sowie den Rosmarin- und Lorbeerblättern mischen und auf dem Blech verteilen. Im heißen Ofen auf der mittleren Schiene 30 Minuten backen, dabei zweimal wenden. Die Kartoffeln herausnehmen, mit Fleur de Sel bestreuen und servieren. Passt gut zu Schweinefleisch.

Variante: Für orientalisch gewürzte Kartoffelspalten (zu Lamm) je einen gehäuften Teelöffel Kreuzkümmel und Koriander im Mörser zerstoßen und mit einem halben Teelöffel Cayennepfeffer unter drei Esslöffel neutrales Pflanzenöl mischen. Die Kartoffeln darin wenden und wie beschrieben auf dem Blech backen.

Basilikum-Honig-Kartoffeln

Honigsüße und Essigsäure gehen mit den Kartoffeln und Basilikum eine köstliche Liaison ein.

Zubereitung: 45 Minuten
Abkühlen: 30 Minuten
Für 4 Personen
(siehe Bild)

Zutaten

600 g kleine neue Kartoffeln
3–4 Stängel Basilikum
4 EL Olivenöl
4 EL Balsamicoessig
2 EL flüssiger Honig
Salz | Pfeffer

- Die Kartoffeln waschen und in einem Topf mit Dämpfeinsatz in 15–20 Minuten weich dämpfen. Nach Belieben abgekühlt pellen – dann schmecken Sie besonders fein.
- Das Basilikum waschen und trocken schütteln, die Blätter abzupfen und in Streifen schneiden.
- Das Öl in einer großen Pfanne erhitzen und die Kartoffeln darin in 6–8 Minuten bei mittlerer Hitze rundherum knusprig braten. Dann Honig, Balsamicoessig und Basilikum dazugeben und kurz durchschwenken. Mit Salz und Pfeffer abschmecken und sofort servieren. Schmeckt gut zu Kalbsschnitzeln oder Lammkoteletts.

Knollenziest in Safransahne

Die gelbe Safransauce ist nicht nur ein Gaumen-, sondern auch ein Augenschmaus.

Zubereitung: 30 Minuten
Für 2 Personen

Zutaten

250 g Knollenziest
1 Schalotte
1 EL Butter
4 EL Sherry medium
150 g Sahne
1 Döschen Safranfäden (0,1 g)
Salz
Cayennepfeffer

- Den Knollenziest gründlich waschen und abbürsten. In einem Topf mit Dämpfeinsatz in etwa 12 Minuten weich dämpfen.
- Inzwischen die Schalotte schälen und fein hacken. Die Butter in einer Pfanne schmelzen und die Schalotte darin 2 Minuten anschwitzen. Mit dem Sherry ablöschen und diesen vollständig einkochen lassen. Die Sahne angießen, mit Safran und je einer kräftigen Prise Salz und Cayennepfeffer würzen und 3 Minuten bei starker Hitze einkochen lassen.
- Den Knollenziest dazugeben und in der Sauce 4–5 Minuten zugedeckt bei schwacher Hitze köcheln lassen. Passt gut zu Roastbeef oder Rinderfilet.

Petersilienkartoffeln

Zubereitung: 25 Minuten
Für 4 Personen

Zutaten

800 g vorwiegend festkochende Kartoffeln
Salz | 1 Bund Petersilie
2 EL Butter

▌Die Kartoffeln schälen und in drei Zentimeter große Stücke schneiden. In einem Topf mit Wasser bedecken, kräftig salzen, aufkochen und 10–12 Minuten kochen lassen, dann abgießen. Inzwischen die Petersilie waschen und trocken schütteln, die Blätter fein schneiden; mit der Butter zu den Kartoffeln geben. Den Topf zugedeckt kräftig rütteln, bis alle Kartoffeln mit der Petersilienbutter umhüllt sind.

Korianderkartoffeln

Zubereitung: 25 Minuten
Für 4 Personen

Zutaten

800 g vorwiegend festkochende Kartoffeln
Salz | 1 TL rosa Pfefferbeeren
1 Bund Koriandergrün | 2 EL Olivenöl

▌Die Kartoffeln schälen und in drei Zentimeter große Stücke schneiden. In Salzwasser in 10–12 Minuten weich kochen, dann abgießen. Inzwischen die Pfefferbeeren im Mörser fein zerstoßen. Das Koriandergrün waschen, trocken schütteln, die Blätter und zarten Stiele fein schneiden. Rosa Pfeffer, Koriandergrün und Öl unter die Kartoffeln mischen.

Zitronen-Minze-Kartoffeln

Zubereitung: 25 Minuten
Für 4 Personen

Zutaten

800 g vorwiegend festkochende Kartoffeln
Salz | 2–3 Stängel frische Minze
1 TL abgeriebene Schale von Biozitrone
2 EL Zitronensaft | 2 EL Olivenöl
½ TL Chiliflocken

▌Die Kartoffeln schälen und in drei Zentimeter große Stücke schneiden. In Salzwasser in 10–12 Minuten weich kochen, dann abgießen. Inzwischen die Minze waschen, trocken schütteln, die Blätter fein schneiden. Zitronenschale und -saft mit Minze, Olivenöl und Chiliflocken verrühren und unter die Kartoffeln mengen.

Senf-Dill-Kartoffeln

Zubereitung: 25 Minuten
Für 4 Personen

Zutaten

800 g vorwiegend festkochende Kartoffeln
Salz | 1 kleines Bund Dill
2 EL Butter
1 EL grobkörniger Senf
Zucker

▌Die Kartoffeln schälen und in drei Zentimeter große Stücke schneiden. In Salzwasser in 10–12 Minuten weich kochen, dann abgießen. Inzwischen den Dill waschen, trocken schütteln, die Spitzen fein hacken. Die Butter in einem Pfännchen schmelzen, Senf und eine Prise Zucker unterrühren. Mit dem Dill unter die Kartoffeln mengen.

Petersilienkartoffeln

Omas Klassiker schmeckt fein zu Schmorbraten oder Rouladen.

Zitronen-Minze-Kartoffeln

Zitronenschale, Minze und ein Hauch Chiliflocken machen aus einfachen Kartoffeln eine Delikatesse.

Korianderkartoffeln

Rosa Pfeffer verleiht den Kräuterkartoffeln eine feine Schärfe, die gut zu Schnitzeln oder Fischfilet in sahniger Sauce passt.

Senf-Dill-Kartoffeln

Grobkörniger Rotisseur-Senf und gehackte Dillspitzen verfeinern hier die Salzkartoffeln – lecker zu Schweinefleisch oder Fisch.

Bockshornkleekartoffeln

In Indien schätzt man bei diesem Gericht nicht nur das leicht bittere Aroma, sondern auch die verdauungsfördernde Wirkung.

Zubereitung: 30 Minuten
Für 4 Personen

Zutaten

300 g mehlig kochende Kartoffeln
150 g getrocknete Bockshornkleeblätter
4 EL neutrales Pflanzenöl
2–3 getrocknete Chilischoten
Salz

- Die Kartoffeln schälen und in drei Zentimeter große Stücke schneiden. Die Bockshornkleeblätter in einer Schüssel einige Male in kaltem Wasser waschen, dann in einem Sieb abtropfen lassen.

- Das Öl in einer Pfanne erhitzen, die Chilischoten dazubröseln und bei starker Hitze kurz anbraten. Die Kartoffeln dazugeben und 6–7 Minuten unter gelegentlichem Wenden braten.

- Die Kartoffeln salzen, den Bockshornklee unterrühren und das Gericht 10 Minuten bei mittlerer Hitze weiterbraten.

- Sobald die Kartoffeln weich sind, die Pfanne vom Herd nehmen und die Bockshornkleekartoffeln noch 5 Minuten zugedeckt ruhen lassen. Sie schmecken als Beilage zu indischen Currys. Dazu sollten Sie noch cremig gerührten Joghurt reichen, mit dem jeder die Schärfe individuell abmildern kann.

Gut zu wissen: Frische Bockshornkleeblätter ähneln Feldsalat und schmecken ziemlich bitter (nicht zu verwechseln mit Bockshornkleesamen, die in kleineren Mengen zum Würzen verwendet werden). Frisch bekommt man sie hierzulande nicht, aber die getrockneten Blätter werden in gut sortierten Asienläden angeboten.

Süßkartoffel-Rettich-Gemüse

Süße Kartoffeln und leicht scharfer Rettich verbinden sich perfekt mit der säuerlichen Sahnesauce.

Zubereitung: 25 Minuten
Für 4 Personen
(siehe Bild)

Zutaten

400 g Süßkartoffeln
400 g weißer Rettich
2 EL neutrales Pflanzenöl
100 ml Gemüsebrühe
Salz | Pfeffer
Zucker
4 EL Sahne
½ Bund Schnittlauch
1–2 TL Zitronensaft

- Die Süßkartoffeln schälen und zentimetergroß würfeln. Den Rettich schälen und in ebenso große Würfel schneiden.
- Das Öl in einem Topf erhitzen. Süßkartoffeln und Rettich darin 2 Minuten unter Rühren anbraten. Mit der Gemüsebrühe ablöschen und 10 Minuten bei mittlerer Hitze zugedeckt schmoren lassen.
- Das Gemüse mit Salz, Pfeffer und einer Prise Zucker würzen und die Sahne unterrühren. Schmoren lassen, bis das Gemüse weich ist.
- Den Schnittlauch waschen, trocken schütteln und in Röllchen schneiden. Das Gemüse mit Zitronensaft abschmecken und mit Schnittlauch bestreut zu Kalbs- oder Putenbraten servieren.

Kohlrabi-Karotten-Gemüse

Ein Gemüse, das nach Sommer und Sonne schmeckt.

Zubereitung: 40 Minuten
Für 4 Personen

Zutaten

2 junge Kohlrabi
(je etwa 250 g)
500 g junge Bundkarotten
1 Bund Frühlingszwiebeln
1 Knoblauchzehe
1 EL Butter
2–3 Stängel Estragon
150 g Crème fraîche
1 EL mittelscharfer Senf
Salz | Cayennepfeffer

- Die Kohlrabi schälen und in vier Zentimeter lange und einen halben Zentimeter dicke Stifte schneiden. Die Karotten schälen, längs vierteln und in vier Zentimeter lange Abschnitte schneiden. Die Frühlingszwiebeln putzen, waschen und, den weißen und grünen Teil getrennt, schräg in Scheiben schneiden. Den Knoblauch schälen und fein hacken.
- Die Butter in einem Topf schmelzen. Weiße Frühlingszwiebelringe und Knoblauch darin 1 Minuten anbraten. Karotten und Kohlrabi dazugeben und 2 Minuten unter Rühren braten. Vier Esslöffel Wasser dazugeben, und das Gemüse zugedeckt bei mittlerer Hitze 5 Minuten garen.
- Inzwischen den Estragon waschen, trocken schütteln und die Blätter grob hacken. Crème fraîche und Senf unter das Gemüse rühren und die Sauce offen in 3–4 Minuten cremig einkochen lassen. Estragon und Frühlingszwiebelgrün unterrühren und mit Salz und Cayennepfeffer würzig abschmecken.

Kartoffel-Walnuss-Plätzchen

Sie schmecken gut zu Schnitzel mit Rahmsauce, Kalbsbraten und zu Wild.

Zubereitung: 45 Minuten
Abkühlen: 30 Minuten
Für 6 Personen
(siehe Bild)

Zutaten

1 kg mehlig kochende Kartoffeln
50 g Walnusskerne
Salz | Pfeffer
Muskatnuss, frisch gerieben
2 Eigelb
3–4 EL Mehl
3 EL Butterschmalz

- Die Kartoffeln waschen, in einem Topf mit Wasser bedecken und in etwa 25 Minuten weich kochen. Inzwischen die Walnüsse in einem Pfännchen bei schwacher Hitze rösten, bis sie duften. Herausnehmen, abkühlen lassen und mittelfein hacken.

- Die Kartoffeln abgießen, ausdampfen lassen, pellen, durch die Kartoffelpresse drücken und abkühlen lassen. Vollständig abgekühlt mit Salz, Pfeffer und Muskatnuss würzen. Die gehackten Walnüsse, die Eigelbe und so viel Mehl unterkneten, dass ein gut formbarer Teig entsteht. Aus der Masse golfballgroße Kugeln formen und diese zu einen halben Zentimeter dicken Plätzchen flach drücken.

- Das Butterschmalz in einer Pfanne erhitzen und die Kartoffelplätzchen darin portionsweise von jeder Seite in 2–3 Minuten goldbraun braten.

Kartoffelknödel

Die mit Brotwürfeln gefüllten Knödel passen gut zu Fleischgerichten mit Sauce.

Zubereitung: 40 Minuten
Abkühlen: 30 Minuten
Ergibt 8 Stück

Zutaten

1 kg mehlig kochende Kartoffeln
2 Scheiben altbackenes Toastbrot
1 EL Butter
1 EL gehackte Petersilie
2 Eier
Salz
4–5 EL Kartoffel- oder Weizenmehl

- Ein Drittel der Kartoffeln waschen, in einem Topf mit Wasser bedecken und in etwa 25 Minuten weich kochen. Abgekühlt pellen und durch die Kartoffelpresse drücken.

- Während die Kartoffeln kochen, das Toastbrot entrinden und klein würfeln. Die Butter in einer Pfanne schmelzen. Die Brotwürfel mit der gehackten Petersilie darin goldbraun und knusprig braten.

- Die übrigen Kartoffeln schälen und fein reiben.
In ein Küchentuch geben, dieses zusammendrehen und die Flüssigkeit aus den Kartoffeln pressen. Gekochte und rohe Kartoffeln, die Eier und einen Teelöffel Salz gut verkneten. So viel Mehl unterkneten, bis ein gut formbarer Teig entsteht.

- Aus der Masse mit angefeuchteten Händen acht Knödel formen, jeweils flach drücken, geröstete Brotwürfel in die Mitte geben und den Teig darüber zusammendrücken. In kochendes Wasser geben und bei schwacher Hitze in 20 Minuten gar ziehen lassen.

Berner Rösti

Viele Schweizer Köche schwören auf Schweineschmalz zum Ausbacken.

Zubereitung: 30 Minuten
Abkühlen: 30 Minuten
Für 4 Personen

Zutaten

800 g große vorwiegend festkochende Kartoffeln
Salz | Pfeffer
Muskatnuss, frisch gerieben
2 EL Butter- oder Schweineschmalz

- Die Kartoffeln waschen, in einem Topf mit Wasser bedecken und in 20 Minuten knapp gar kochen. Abgießen und auskühlen lassen.

- Die Kartoffeln pellen und grob raspeln. Die Masse kräftig mit Salz, Pfeffer und Muskatnuss würzen.

- In einer großen Pfanne einen Esslöffel Schmalz erhitzen. Die Kartoffelmasse hineingeben und zu einem zusammenhängenden Fladen zusammendrücken. Bei mittlerer Hitze 5 Minuten braten, bis die Unterseite knusprig ist. Das Rösti mithilfe eines flachen Deckels oder eines großen Tellers wenden, dabei das übrige Schmalz in die Pfanne geben. Auf der anderen Seite in weiteren 5 Minuten ebenso knusprig braten.

- Auf eine vorgewärmte Platte gleiten lassen, mit einem Pfannenwender teilen und beispielsweise zu Sahnegeschnetzeltem oder zu Pilzragout servieren.

Varianten: Sie können aus der Kartoffelmasse auch kleine Rösti backen: Pro Rösti jeweils zwei Esslöffel geraspelte Kartoffeln in die Pfanne geben, zu runden Plätzchen flach drücken und bei mittlerer Hitze von jeder Seite 3–4 Minuten braten.
Als Beilage zu mediterranen Gerichten mischen Sie für Rosmarin-Rösti die gehackten Blättchen von drei Zweigen frischem Rosmarin unter die Kartoffelraspel und backen diese in Olivenöl aus.

Scharfe Süßkartoffelrösti

Die knusprigen Rösti schmecken als exotische Beilage zu Puten- oder Schweineschnitzel.

Zubereitung: 45 Minuten
Für 4 Personen

Zutaten

500 g Süßkartoffeln
1 Bund Frühlingszwiebeln
1 Bund Koriandergrün
1 Stück frischer Ingwer (etwa 4 cm)
2 Knoblauchzehen
1 große rote Chilischote
Salz
1 TL gemahlener Kreuzkümmel
1 Ei
4 EL Kichererbsenmehl
(aus dem Bio- oder Asienladen)
neutrales Pflanzenöl zum Ausbacken

- Die Süßkartoffeln schälen und grob raspeln. Die Frühlingszwiebeln putzen, waschen und in feine Ringe schneiden. Das Koriandergrün waschen und trocken schütteln, die Blätter und zarten Stiele hacken. Ingwer und Knoblauch schälen und fein reiben. Die Chilischote längs aufschneiden, von den Samen befreien und fein schneiden. Alles in einer Schüssel mit einer kräftigen Prise Salz, dem Kreuzkümmel, dem Ei und dem Kichererbsenmehl vermengen.

- In einer Pfanne einen Zentimeter hoch Öl erhitzen. Pro Rösti jeweils einen gehäuften Esslöffel Süßkartoffelmasse hineinsetzen und flach drücken. Von jeder Seite in 3–4 Minuten goldbraun braten.

Variante: Natürlich können Sie auch aus rohen Kartoffeln Rösti zubereiten: Für Kartoffel-Sellerie-Rösti 400 Gramm vorwiegend festkochende Kartoffeln und 200 Gramm Knollensellerie schälen und grob raspeln. Mit Salz, Pfeffer und Muskatnuss würzen und wahlweise einen Esslöffel fein gehackte Petersilie oder grob gehackte Haselnüsse untermischen. In einer Pfanne zwei Esslöffel Butterschmalz erhitzen und die Rösti darin von jeder Seite 3–4 Minuten braten. Passt gut zu Rinderbraten oder Wildgerichten.

Vanillepüree

Zubereitung: 30 Minuten
Für 4 Personen

Zutaten

800 g mehlig kochende Kartoffeln
Salz | 2 Vanilleschoten | 200 ml Milch
2 EL Butter | Muskatnuss, frisch gerieben

▌Kartoffeln schälen, würfeln, in einem Topf mit Salzwasser bedecken und in 15 Minuten weich kochen, dann abgießen. Die Vanilleschoten längs aufschneiden, das Mark herauskratzen und mit der Milch erhitzen. Die Kartoffeln mit einem Kartoffelstampfer fein zerstampfen (keinen Pürierstab verwenden!) und nach und nach so viel heiße Vanillemilch unterrühren, dass ein luftiges Püree entsteht. Butter unterziehen und mit Salz und Muskatnuss abschmecken.

Tomaten-Oliven-Püree

Zubereitung: 35 Minuten
Für 4 Personen

Zutaten

800 g mehlig kochende Kartoffeln | Salz
6 getrocknete, in Öl eingelegte Tomaten
50 g schwarze Oliven (ohne Stein)
½ Bund frischer Thymian | 200 ml Milch
3 EL Olivenöl | Pfeffer

▌Kartoffeln schälen, würfeln, in einem Topf mit Salzwasser bedecken und in 15 Minuten weich kochen, dann abgießen. Inzwischen die Tomaten und Oliven fein würfeln. Den Thymian waschen, die Blättchen fein hacken. Die Kartoffeln mit dem Kartoffelstampfer zerstampfen. Die Milch erhitzen und so viel davon unterrühren, dass ein luftiges Püree entsteht. Tomaten, Oliven, Thymian und Öl unterziehen, mit Salz und Pfeffer abschmecken.

Skordalia

Zubereitung: 30 Minuten
Für 4 Personen

Zutaten

600 g mehlig kochende Kartoffeln
2 Knoblauchzehen | 50 g enthäutete gemahlene Mandeln | 3 EL Olivenöl
3–4 EL Gemüsebrühe | 2–3 EL Zitronensaft
1 Handvoll schwarze Oliven

▌Die Kartoffeln waschen und in Salzwasser in 25 Minuten weich kochen. Abgießen, ausdampfen lassen, pellen und durch die Kartoffelpresse drücken. Den Knoblauch schälen und dazupressen. Die Mandeln dazugeben. Öl, Brühe und Zitronensaft dazugeben und alles zu einem cremigen Mus verrühren. Mit Salz abschmecken, in eine Schüssel füllen und mit den Oliven garnieren.

Süßkartoffelpüree

Zubereitung: 35 Minuten
Für 4 Personen

Zutaten

800 g Süßkartoffeln | 1 Zwiebel
5 grüne Kardamomkapseln
2 EL neutrales Pflanzenöl
Saft und Schale von 1 Bioorange
Salz | Cayennepfeffer | 2 EL Butter

▌Die Süßkartoffeln schälen und würfeln. Die Zwiebel schälen und hacken. Zwiebel und Kardamomsamen im heißen Öl anbraten. Süßkartoffeln dazugeben und 2 Minuten mitbraten. Orangensaft und -schale dazugeben und alles zugedeckt bei schwacher Hitze in 15 Minuten weich dünsten. Mit dem Pürierstab pürieren, die Butter unterrühren und mit Salz und Cayennepfeffer würzen.

Vanillepüree

Mit echter Bourbon-Vanille verfeinertes Kartoffelpüree ist eine elegante Begleitung zu Rinder- oder Kalbsfilet.

Skordalia

Der griechische Klassiker ist besonders lecker zu Lammgerichten.

Tomaten-Oliven-Püree

Das mediterran gewürzte Püree passt gut zu gegrilltem Schweinefleisch.

Süßkartoffelpüree

Kardamom und Orangenschale verleihen dem Püree eine orientalische Note. Passt gut zu Ente, Hähnchen und Fisch.

Kartoffelstampf und Chili-Ingwer-Birnen

Der bodenständige Kartoffelbrei bekommt durch die würzig-scharfen Birnen einen exotischen Touch.

Zubereitung: 45 Minuten
Für 4 Personen

Zutaten

Für den Kartoffelstampf
800 g mehlig kochende Kartoffeln
Salz
2 EL Butter
150 ml Milch
Muskatnuss, frisch gerieben

Für die Birnen
2 reife Birnen (nicht zu groß)
etwa 600 ml trockener Weißwein
40 g frischer Ingwer
2 große rote Chilischoten

- Die Kartoffeln schälen, würfeln, in einem Topf mit Wasser bedecken, kräftig salzen und in 15 Minuten weich kochen.

- Inzwischen die Birnen schälen, die Stiele dranlassen. In einen kleinen Topf stellen, in dem sie gerade aufrecht stehend nebeneinander Platz haben, und so viel Wein angießen, dass die Birnen bedeckt sind. Den Ingwer schälen und in Scheiben schneiden. Die Chilischoten waschen, längs aufschneiden, von den Samen befreien und mit dem Ingwer in den Wein geben. Aufkochen lassen und die Birnen zugedeckt bei schwacher Hitze in 12–15 Minuten weich garen.

- Das Kartoffelwasser abgießen und die Kartoffeln mit einem Kartoffelstampfer grob zerstampfen. Die Butter in einem Pfännchen schmelzen und goldbraun werden lassen. Die Milch erhitzen und mit der Butter unter die Kartoffeln rühren. Mit Salz und Muskatnuss abschmecken.

- Die Chili-Ingwer-Birnen aus dem Sud heben, kurz abtropfen lassen und mit dem Kartoffelstampf beispielsweise zu gebratenem Schweinekotelett oder zu Geflügel (Truthahn, Perlhuhn) servieren.

Süßes

Marillenknödel, Mohnnudeln und Powidltascherl – läuft Ihnen da bereits das Wasser im Mund zusammen? Kein Wunder – die *Klassiker der Wiener Mehlspeisenküche* schmecken einfach zum Dahinschmelzen gut. Kennen Ihre Gäste alles schon? Dann bereiten Sie doch mal *ungewöhnliche Kreationen* wie Vanille-Gnocchi mit Erdbeer-Rhabarber-Ragout, Schokoküchlein mit Roter Bete oder die Süßkartoffel-Birnen-Tarte zu und Sie werden auch *verwöhnte Feinschmecker* begeistern.

Wiener Tradition

Süße **Mehlspeisen aus Kartoffelteig** haben in der Wiener Küche eine lange Tradition und sind über die Grenzen hinaus beliebt. Und auch **französische Dessertklassiker** bekommen durch Kartoffel & Knolle eine ganz neue Note.

Böhmische Köchinnen brachten einst ihre Rezepte für süße Mehlspeisen und Kleingebäck zum Kaffee mit in die Wiener Großbürgerhäuser, in denen sie angestellt waren. Ein beliebter Basisteig für Marillenknödel und Fingernudeln bestand aus Kartoffeln, Mehl und Eiern – preiswerte Zutaten, die man immer im Haus hatte. Mit Marillen oder dick eingekochtem Zwetschenmus (Powidl) gefüllt wurden daraus köstliche süße Knödel und Täschchen. Zu fingerdicken Nudeln gedreht und mit Butter, Mohn und Zucker verfeinert verführten sie in Form von wunderbaren Mohnnudeln (siehe Seite 145).

Für den Kartoffelteig brauchen Sie mehlig kochende Kartoffeln, bekannte, gut geeignete Sorten sind Adretta, Likaria oder Bintje. Sie garen schön trocken und körnig. Am besten und schonendsten ist es, wie schon auf Seite 116 beschrieben, die Kartoffeln zu dämpfen. Wer keinen Kartoffeldämpfer oder Topf mit passendem Dämpfeinsatz besitzt, gibt die gewaschenen Kartoffeln in einen Topf, gießt etwa fünf Zentimeter hoch Wasser an und gart sie im geschlossenen Topf bei mittlerer Hitze. Je nach Größe der Knollen dauert das 25–30 Minuten. Erst wenn sich die Kartoffeln mit einem spitzen Messer sehr leicht einstechen lassen, die Kartoffeln mitsamt dem Siebeinsatz aus dem Topf nehmen und offen lauwarm abkühlen lassen. Die Knollen, sobald sie sich gut anfassen lassen, ohne sich dabei die Finger zu verbrennen, pellen, durch die Kartoffelpresse auf die bemehlte Arbeitsfläche drücken und dort vollständig auskühlen lassen.

In den Rezepten für Kartoffelteig wird meist „doppelgriffiges Mehl", auch Wiener Grießler genannt, empfohlen. Es besitzt eine gröbere Körnung als herkömmliches Mehl der Typen 405 oder 550, bleibt dadurch immer rieselfähig und lässt sich gut unterarbeiten, ohne zu klumpen. Zudem verbindet es sich mit den übrigen Zutaten zu einem elastischen Teig, der sich gut ausrollen und formen lässt.

Für feinen Kartoffelteig dämpfen Sie mehlig kochende Kartoffeln und drücken sie lauwarm abgekühlt durch die Kartoffelpresse.

Kartoffelgnocchi

Die kleinen italienischen Kartoffelknödelchen kannten Sie bislang vielleicht nur als pikantes Gericht. Mit Salbeibutter oder Gorgonzolasauce serviert sind sie ein beliebter Primo piatto der Norditaliener. Da der Kartoffelteig aber neutral schmeckt, lassen sich daraus auch feine süße Gnocchi zubereiten – mit Butter, Vanillemark und Zucker als süße Hauptmahlzeit oder, in kleineren Portionen serviert, als feines Dessert zum Abschluss eines Menüs, dessen Vor- und Hauptspeise eher leicht sein sollten.

Achten Sie bei der Zubereitung des Teigs darauf, diesen nicht zu lange zu kneten, sonst bekommen die Gnocchi die gummiartige Konsistenz, die man von schlechten Fertigprodukten aus der Kühltheke kennt. Damit die Gnocchi in etwa gleich groß werden, formen Sie aus dem Teig auf der bemehlten Arbeitsfläche eine drei Zentimeter dicke Rollen und schneiden diese in gut einen halben Zentimeter dicke Stücke. Daraus formen Sie kleine Kugeln. Auch hier gilt, nicht zu lange drücken und rollen; die Gnocchi sollen schön locker bleiben. Um die Gnocchi mit den charakteristischen Rillen zu versehen, gehen Sie jeweils einmal mit den bemehlten Zinken einer umgedrehten Gabel darüber und kerben die Gnocchi ein. Das sieht nicht nur hübsch aus, dadurch vergrößert sich auch ihre Oberfläche und mehr Vanillebutter bleibt anschließend daran haften. Wie Sie sie kochen, lesen Sie auf Seite 148.

Wussten Sie, dass man aus Kartoffeln auch eine Art Konfitüre, also einen süßen Brotaufstrich, kochen kann? Das geht ganz einfach: Kartoffeln und Äpfel im Verhältnis 1:1 fein raspeln, mit Apfelsaft und Gelierzucker aufkochen und etwa 5 Minuten unter Rühren kochen lassen, bis die Masse schön cremig ist. Zur Aromatisierung eignen sich Vanille oder Zimt. Wenn keine Kinder mitessen, darf's außerdem ein wenig Calvados (Apfelschnaps) sein. Sie können dazu helle, mehlig kochende Kartoffeln verwenden oder aus der blauen Vitelotte eine zartblaue Kartoffelkonfitüre zubereiten. In dekorative Gläschen gefüllt und hübsch beschriftet haben Sie damit ein Mitbringsel für Freunde, die das Außergewöhnliche lieben.

Süßkartoffeln und Rote Bete

Neben Kartoffeln eignen sich Süßkartoffeln – der Name ist Programm – ausgezeichnet für Süßspeisen und Desserts. So können Sie beispielsweise das Gnocchi-Rezept auch mit Süßkartoffeln zubereiten, die Kartoffeln also ganz oder zur Hälfte durch Süßkartoffeln ersetzen. Da Süßkartoffeln weniger Stärke enthalten, brauchen Sie zur Verarbeitung ein wenig mehr Mehl. Ansonsten bereiten Sie das Rezept wie beschrieben zu. Als fruchtige Beilage schmeckt ein Salat aus frischen Ananas, Mangos und Papaya, den Sie mit Limettensaft und frischer Minze verfeinern.

Aus geschälten und gewürfelten Süßkartoffeln lässt sich mit Milch und Vanillemark außerdem ein cremiges Püree kochen. Das können Sie zum Beispiel als Basis für die Süßkartoffel-Mandel-Soufflés von Seite 147 verwenden – ein exquisites Dessert. Es eignet sich außerdem vorzüglich als Tarte-Belag. Dazu wird das Süßkartoffelpüree mit schaumig geschlagenen Eiern und Quark aufgelockert und auf den Mürbeteigboden gegossen. Sie können die Tarte so backen und lauwarm mit frischen Blaubeeren als Dessert servieren. Oder vor dem Backen, wie im Rezept auf Seite 155 beschrieben, mit Birnenspalten belegen; als Alternative schmecken auch Zwetschen oder Rhabarberstücke sehr gut.

Hätten Sie gedacht, einmal Rote Bete für Süßspeisen zu verwenden? Experimentierfreudige Köche haben vermutlich längst geahnt, dass das würzige Aroma der roten Knollen vorzüglich mit dunkler Schokolade harmoniert. Und genauso ist es! Die mit rosa Pfeffer gewürzten Schokoküchlein mit Rote Bete-Raspeln (siehe Seite 152) haben das Zeug zum Lieblingsdessert, das sich Ihre Gäste künftig vielleicht öfter wünschen werden.

Marillenknödel

Marillen sind die kleinen, aromatischen Aprikosen aus der Wachau.

Zubereitung: 1 Stunde 15 Minuten
Für 4 Personen

Zutaten

500 g mehlig kochende Kartoffeln | 140 g doppelgriffiges Mehl | 40 g Grieß
20 g weiche Butter
1 Ei | 1 Eigelb | Salz
12 Marillen oder Aprikosen
12 Stückchen Würfelzucker
80 g Butter | je 4 EL gemahlene Mandeln und Semmelbrösel | Puderzucker zum Bestauben

- Die Kartoffeln waschen, in einem Topf mit Dämpfeinsatz in etwa 25 Minuten weich dämpfen. Abgekühlt pellen und durch die Kartoffelpresse drücken. Mit Mehl, Grieß, Butter, Ei, Eigelb und einer Prise Salz zu einem glatten Teig kneten und zu einer Rolle formen.

- Die Marillen waschen, längs einschneiden und den Stein durch ein Zuckerstückchen ersetzen. Den Teig in zwölf gleiche Stücke teilen, diese zu Kugeln formen, flach drücken und je eine gefüllte Marille damit umhüllen. In einem Topf Wasser aufkochen, salzen und die Knödel darin bei schwacher Hitze in 10–12 Minuten gar ziehen lassen, bis sie oben schwimmen.

- Die Butter in einer Pfanne schmelzen. Mandeln und Semmelbrösel darin goldbraun braten. Die Knödel mit einem Schaumlöffel aus dem Wasser heben, kurz abtropfen lassen und in den Bröseln wälzen. Auf vier Teller verteilen und mit Puderzucker bestauben.

Mohnnudeln

Ein Klassiker der Wiener Mehlspeisenküche.

Zubereitung: 1 Stunde 15 Minuten
Für 4 Personen
(siehe Bild)

Zutaten

Für den Teig
500 g mehlig kochende Kartoffeln
150 g doppelgriffiges Mehl
40 g weiche Butter | 1 Ei | Salz

Außerdem
50 g Butter
100 g gemahlener Mohn
50 g Puderzucker
Mehl zum Verarbeiten

- Die Kartoffeln waschen und in etwa 25 Minuten weich dämpfen. Abgekühlt pellen und durch die Kartoffelpresse drücken. Mit Mehl, Butter, Ei und einer Prise Salz zu einem Teig verkneten.

- Den Teig zu einer Rolle formen, in Stückchen schneiden und diese mit bemehlten Händen zu Nudeln von der Größe eines kleinen Fingers rollen. In einem großen Topf Wasser aufkochen, salzen und die Fingernudeln darin etwa 2 Minuten garen. Mit einem Schaumlöffel herausheben und kurz abtropfen lassen.

- Die Butter in einer Pfanne schmelzen. Die Nudeln darin in 4–5 Minuten goldbraun braten. Mohn und Puderzucker mischen und die Fingernudeln darin wälzen. Dazu schmeckt Zwetschenkompott.

Einkaufstipp: Doppelgriffiges Mehl bekommen Sie auch unter der Bezeichnung „Wiener Grießler".

Powidltascherl

„Powidl“ ist ein mit wenig Zucker lange eingekochtes, aromatisches Pflaumenmus.

Zubereitung: 1 Stunde 15 Minuten
Für 4 Personen

Zutaten

500 g mehlig kochende Kartoffeln
180 g doppelgriffiges Mehl
40 g weiche Butter
1 Ei
Salz
150 g Pflaumenmus
80 g Butter
80 g Semmelbrösel
1 Päckchen Vanillezucker
Mehl für die Arbeitsfläche

- Die Kartoffeln waschen und in etwa 25 Minuten weich dämpfen. Abgekühlt pellen und durch die Kartoffelpresse drücken. Mit Mehl, Butter, Ei und einer Prise Salz zu einem glatten Teig verkneten.

- Den Teig auf der bemehlten Arbeitsfläche vier Millimeter dick ausrollen und Taler von sieben Zentimeter Durchmesser ausstechen. Auf jedes Teigstück einen Teelöffel Pflaumenmus geben und die Taler zu Halbmonden falten. Die Ränder gut zusammendrücken.

- In einem Topf Wasser aufkochen, salzen und die Powidltascherl darin bei schwacher Hitze in 6–8 Minuten gar ziehen lassen, bis sie an die Oberfläche steigen.

- Die Butter in einer Pfanne schmelzen, Brösel und Vanillezucker darin goldbraun rösten. Die Tascherl mit einem Schaumlöffel aus dem Wasser heben, abtropfen lassen und in den Bröseln wenden.

Süßkartoffel-Mandel-Soufflé

Das luftig-lockere Dessert wird Ihre Gäste begeistern.

Zubereitung: 40 Minuten
Backen: 20 Minuten
Für 6 Personen
(siehe Bild)

Zutaten

200 g Süßkartoffeln (geschält etwa 160 g)
80 ml Milch
1 Päckchen Vanillezucker
2 EL Zucker | 2 Eier | Salz
1 TL Zitronensaft
1 EL Speisestärke
4 EL gemahlene Mandeln
Butter und Zucker für die Förmchen
Puderzucker zum Bestauben

- Die Süßkartoffeln schälen, klein würfeln und mit Milch, Vanillezucker und einem Esslöffel Zucker in etwa 10 Minuten bei schwacher Hitze zugedeckt weich kochen. Abgekühlt mit dem Pürierstab fein pürieren.

- Den Backofen auf 180 °C vorheizen. Sechs Souffléförmchen ausbuttern und mit Zucker ausstreuen. Eine große ofenfeste Form bereitstellen. Die Eier trennen. Die Eiweiße mit einer kleinen Prise Salz und dem Zitronensaft steif schlagen, dabei den übrigen Zucker einrieseln lassen. Die Eigelbe, Speisestärke und Mandeln unter die Süßkartoffeln rühren und den Eischnee unterziehen.

- Die Masse zwei Drittel hoch in die Förmchen füllen und diese in die große Form stellen. So viel heißes Wasser angießen, dass die Förmchen einen Zentimeter im Wasser stehen. Die Soufflés im heißen Ofen 20 Minuten backen, bis sie aufgegangen sind. Herausnehmen, mit Puderzucker bestauben und sofort servieren.

Vanillegnocchi mit Erdbeer-Rhabarber-Ragout

Servieren Sie die Gnocchi als süßes Hauptgericht für vier oder als warmes Dessert für sechs Personen.

Zubereitung: 1 Stunde 10 Minuten
Für 4–6 Personen

Zutaten

Für die Gnocchi
500 g mehlig kochende Kartoffeln
1 Ei
1 Päckchen Vanillezucker
Salz
120–140 g Mehl
50 g Butter
1 EL Zucker
1 Vanilleschote

Für das Fruchtragout
250 g junger Rhabarber
3 EL Zucker
250 g Erdbeeren
2 EL Zitronensaft

- Die Kartoffeln waschen und in einem Topf mit Dämpfeinsatz in etwa 25 Minuten weich dämpfen.

- Inzwischen den Rhabarber waschen und klein schneiden. In einem Topf mit zwei Esslöffeln Zucker mischen und Saft ziehen lassen. Die Erdbeeren waschen, entkelchen und je nach Größe halbieren oder vierteln. Mit dem übrigen Zucker und dem Zitronensaft mischen. Den Rhabarber bei schwacher Hitze 3–4 Minuten kochen lassen, bis er weich zu werden beginnt. Vom Herd nehmen, die Erdbeeren unterziehen und das Ragout abkühlen lassen.

- Die Kartoffeln abgekühlt pellen und durch die Kartoffelpresse auf die Arbeitsfläche drücken. Das Ei, den Vanillezucker, eine Prise Salz und so viel Mehl zu den Kartoffeln geben und unterkneten, dass ein weicher, formbarer Teig entsteht (die Mehlmenge hängt vom Stärkegehalt der Kartoffeln ab).

- Den Kartoffelteig auf der bemehlten Arbeitsfläche zu einer Rolle formen, kleine Stücke abschneiden, zu Kugeln rollen und diese mit den bemehlten Zinken einer umgedrehten Gabel einkerben. In kochendem Salzwasser 3–4 Minuten garen, bis die Gnocchi oben schwimmen. Mit dem Schaumlöffel herausheben und kurz abtropfen lassen.

- Die Butter und den Zucker in einer großen Pfanne schmelzen. Die Vanilleschote längs aufschneiden, das Mark herauskratzen und dazugeben. Die abgetropften Gnocchi darin schwenken. Die Vanillegnocchi auf Teller verteilen und mit dem Erdbeer-Rhabarber-Ragout servieren.

Kartoffelwaffeln mit Orangen-Physalis-Salat

Weiße Schokoladensauce macht das Dessert perfekt.

Zubereitung: 1 Stunde 10 Minuten
Für 4–6 Personen

Zutaten

Für den Waffelteig
300 g mehlig kochende Kartoffeln
200 g weiche Butter
200 g Zucker
1 Päckchen Vanillezucker
Salz
4 Eier
4 EL Sahne
200 g Mehl
1 TL Backpulver
neutrales Pflanzenöl für das Waffeleisen

Für den Fruchtsalat
4 Orangen
200 g Physalis
2 EL Orangenlikör (nach Belieben)

Für die Schokosauce
100 g weiße Schokolade
100 ml Sahne

- Die Kartoffeln waschen und in einem Topf mit Dämpfeinsatz in etwa 25 Minuten weich dämpfen.

- Inzwischen für den Fruchtsalat die Orangen so schälen, dass auch die bittere weiße Innenhaut entfernt wird. Die Orangenfilets über einer Schüssel mit einem scharfen Messer zwischen den Trennhäutchen herausschneiden. Die Physalis aus den Hüllen lösen, waschen und halbieren. Orangenfilets, Physalis und den Orangenlikör, falls verwendet, mischen.

- Für die Schokosauce die weiße Schokolade im heißen Wasserbad schmelzen und die Sahne unterrühren. Unter gelegentlichem Rühren lauwarm abkühlen lassen.

- Die Kartoffeln abgekühlt pellen und durch die Kartoffelpresse drücken. Butter, Zucker, Vanillezucker und eine kleine Prise Salz in 5 Minuten mit dem Handrührgerät schaumig schlagen, dabei nach und nach die Eier hinzufügen. Anschließend zuerst die Sahne und dann die Kartoffeln unterrühren. Mehl und Backpulver auf die Masse sieben und unterziehen.

- Das Waffeleisen erhitzen, mit wenig Öl einpinseln und aus dem Teig nach und nach Waffeln backen. Jeweils mit etwas Fruchtsalat auf Teller geben und die weiße Schokosauce in dekorativen Schlieren darüberträufeln.

Schokoküchlein mit Roter Bete

Rote Bete und rosa Pfeffer geben dem Dessert eine ungewöhnliche Note.

Zubereitung: 25 Minuten
Backen: 15 Minuten
Für 8 Förmchen à 120 ml

Zutaten

1 gehäufter EL rosa Pfefferbeeren
100 g gegarte Rote Bete (vakuumverpackt)
100 g Puderzucker
200 g Bitterschokolade (70 % Kakao)
150 g weiche Butter, raumtemperiert
Salz
3 Eier
¼ TL gemahlener Kardamom
50 g Mehl
Butter und Mehl für die Förmchen
Puderzucker zum Bestauben

- Den Backofen auf 160 °C vorheizen. Die Förmchen innen buttern und mit Mehl bestauben. Die Pfefferbeeren im Mörser zerstoßen. Die Rote Bete (in Einmal-Handschuhen) grob raspeln und einen Teelöffel Puderzucker darübersieben.

- Die Schokolade in Stücke brechen und im heißen Wasserbad schmelzen.

- Während die Schokolade schmilzt, die Butter, den restlichen Puderzucker und eine kleine Prise Salz in einer Rührschüssel mit dem Handrührgerät in 2–3 Minuten schaumig aufschlagen, dabei nach und nach die Eier hinzufügen. Die geschmolzene Schokolade, den rosa Pfeffer, den Kardamom und die Rote-Bete-Raspel unterrühren. Das Mehl darübersieben und mit einem Teigspatel unterziehen. Die Masse in die vorbereiteten Förmchen geben und im heißen Ofen auf der mittleren Schiene 15 Minuten backen.

- Die Schokoküchlein aus dem Ofen nehmen, aus den Förmchen lösen, auf Dessertteller geben und mit Puderzucker bestaubt servieren. Dazu schmeckt Schlagsahne.

Süßkartoffel-Birnen-Tarte

Eine außergewöhnliche Tarte mit Haselnussteig, bedeckt mit einer feinen Süßkartoffelcreme und Birnenspalten.

Backen: 50 Minuten
Für eine Springform mit 26 cm Ø, ergibt 10 Stücke

Zutaten

Für den Teig
250 g Mehl
50 g gemahlene Haselnüsse
3 EL Zucker
1 Prise Salz
1 Ei
1 Eigelb
100 g kalte Butter

Für die Füllung
500 g Süßkartoffeln
(geschält etwa 400 g)
125 ml Milch
1 Vanilleschote
3 EL Zucker
abgeriebene Schale und Saft von
1 Biozitrone
2–3 feste Birnen (etwa 500 g)
2 Eier
1 Eiweiß
125 g Magerquark
1 EL Butter
25 g Haselnüsse

Außerdem
etwas Butter und Mehl für die Form
Mehl zum Verarbeiten

▌Für den Teig Mehl, Haselnüsse, Zucker, Salz, Ei, Eigelb und in kleine Würfel geschnittene Butter rasch zu einem glatten Teig verkneten. In Frischhaltefolie wickeln und 30 Minuten im Kühlschrank ruhen lassen.

▌Inzwischen die Süßkartoffeln schälen, würfeln und mit der Milch in einen Topf geben. Vanilleschote aufschneiden und das Mark herauskratzen. Mit einem Esslöffel Zucker ebenfalls in den Topf geben. Alles aufkochen und 10 Minuten bei schwacher Hitze zugedeckt kochen lassen. Vom Herd nehmen, abkühlen lassen und die Zitronenschale hinzufügen.

▌Die Birnen schälen, vom Kerngehäuse befreien, in dicke Längsspalten schneiden und diese im Zitronensaft wenden.

▌Die Eier, das Eiweiß und den restlichen Zucker in 3 Minuten mit dem Handrührgerät schaumig aufschlagen. Die Süßkartoffeln fein pürieren und mit dem Quark unterrühren.

▌Den Backofen auf 180 °C vorheizen. Die Form innen buttern und mit Mehl bestauben. Den Teig auf der bemehlten Arbeitsfläche ausrollen, in die Form legen und einen drei Zentimeter hohen Rand formen. Die Süßkartoffelmasse daraufgeben und die Birnenspalten darauf verteilen. Die Butter schmelzen und die Birnen damit bestreichen. Die Haselnüsse grob hacken und darüberstreuen.

▌Die Tarte im heißen Ofen auf der mittleren Schiene 50 Minuten backen. Lauwarm oder kalt in Stücke schneiden und zum Kaffee servieren.

Vitelotte-Konfitüre mit Calvadosäpfeln

In hübsche Gläser gefüllt eignet sich die Konfitüre gut als außergewöhnliches Mitbringsel für Feinschmecker.

Zubereitung: 30 Minuten
Für 4 Gläser à 450 ml

Zutaten

500 ml naturtrüber Apfelsaft
450 g blaue Kartoffeln (Vitelotte; geschält etwa 375 g)
450 g säuerliche Äpfel (geschält etwa 375 g)
3 EL Calvados (oder Zitronensaft)
1 Vanilleschote
500 g Gelierzucker 2:1

- Den Apfelsaft in einen Topf gießen. Die Kartoffeln schälen, fein reiben und zu dem Apfelsaft geben. Die Äpfel schälen und die Kerngehäuse entfernen. Ein Drittel der Äpfel in vier Millimeter große Würfel schneiden und mit dem Calvados (oder dem Zitronensaft) mischen. Die übrigen Apfelstücke grob zu den Kartoffeln raspeln.

- Die Vanilleschote längs aufschneiden, das Mark herauskratzen und samt der ausgekratzten Schote in den Topf geben. Den Gelierzucker unterrühren und das Ganze zum Kochen bringen. Die Konfitüre unter Rühren 4 Minuten sprudelnd kochen lassen. Dann die marinierten Apfelwürfelchen unterrühren und 1 Minute mitkochen lassen.

- Die Vanilleschote entfernen. Die Konfitüre kochend heiß in saubere Schraubgläser mit Twist-Off-Deckel füllen, fest verschließen und die Gläser für 5 Minuten auf den Kopf stellen.

Variante: Statt Äpfeln können Sie auch aromatische Birnen verwenden: Ein Drittel davon würfeln und mit Birnengeist marinieren, den Rest wie beschrieben zu dem Apfelsaft und geriebenen Kartoffeln raspeln.

In gleicher Reihe erschienen ...

ISBN 978-3-86244-214-0

100 abwechslungsreiche Rezepte aus aller Welt für Erbsen, Bohnen, Linsen, Kichererbsen und andere Hülsenfrüchte, leicht und modern zubereitet.

ISBN 978-3-86244-190-7

Altes Gemüse – neu entdeckt! 100 verführerische Rezepte für fast vergessene Obst- und Gemüsesorten.

ISBN 978-3-88472-906-9

Das Gemüsekochbuch für Genießer: kreativ, stylish und frisch.

ISBN 978-3-86244-131-0

Es ist verblüffend, wie abwechslungsreich es sich ganz ohne tierische Produkte kochen lässt und in welcher Vielfalt sich Rohkost präsentieren kann!

ISBN 978-3-86244-001-6

Für jedes Gericht ist ein Kraut gewachsen, dafür liefern diese 110 würzigen Rezepte den köstlichsten Beweis!

ISBN 978-3-86244-029-0

Freuen Sie sich auf 70 berühmte Klassiker und neue Trendrezepte für jeden Anlass rund um den Salat – anmachen erlaubt!